U0894637

中国旅游业普通高等教育应用型规划教材

导游实训指导书

大理大学经济与管理学院 

中国旅游出版社

编 委 会

主　　任：廖望科　　赵建军

主　　编：李　刚　　赵雨洁

副 主 编：李海情　　彭　凤　　段银河

编　　委：朱　香　　郑翠霞　　高　杰

前 言

改革开放以来，我国的旅游业得到了极大的发展，而导游工作在其中发挥了极其重要的作用。导游，不是一项孤立的工作，它是整个旅游业，特别是整个旅游接待中最积极、最活跃、最典型并起着决定性作用的具有代表性的工作。导游工作具有较强的实践性和应用性，在教学活动中要求理论与实践相结合。《导游实训指导书》用来指导学生导游业务类课程的实践环节教学，以培养学生的实际操作能力为主要目标。

本书的特点体现在：立足于导游工作的实际，并结合旅游管理类导游业务相关课程的教学实践，为学生掌握全流程各类型导游服务程序提供了实训教学的思路和方法。本书在编写过程中，始终坚持系统性原则、实用性原则和开拓性原则，在参阅大量文献的基础上，以全新的视角，系统地介绍了地方导游、全程导游、海外领队、景区导游、散客导游服务程序及基本导游技能等相关导游知识实训教学的路径和方法，借以培养学生的导游工作能力和技能。

本书由多人合作完成：段银河撰写实训项目一、二、三、四、五；彭凤撰写实训项目六、七、八、九；李海情撰写实训项目十、十一、十二、十三；李刚撰写实训项目十四、十五、十六、十七，并负责全书统稿；朱香、郑翠霞撰写实训项目十八、十九；赵雨洁撰写实训项目二十。

本书在编写过程中，参考、吸收和采用了许多旅游行业专家、学者的著述和研究成果，这些专家学者的思路和观点对本书的编写提供了很大的帮助，在此表示谢意。中国旅游出版社的编辑为本书的出版付出了辛勤的汗水和劳动，在此深表感谢。

由于编者水平有限，书中难免有疏漏和不当之处，恳请各位读者不吝赐教。

编者

2021 年 12 月

目 录

CONTENTS

地方导游服务程序

导游是我国旅游从业人员的重要组成部分，是旅游活动中与游客接触最多、最密切的环节，在展示旅游形象、传播民族文化、促进不同地区经济社会文化交流、推动旅游业发展方面发挥着积极的作用。其中，地方导游服务工作的质量，直接决定着旅游者对旅游活动的满意度及旅游活动的圆满与否。为确保导游和旅游者的合法权益，向旅游业输送优秀的导游人才，为旅游者提供品质导游服务，推动目的地旅游业的健康有序发展，特围绕“旅游服务程序”这一主题，开展地方导游人员服务程序专业实训系列活动。

一、实训目的

（1）了解地方导游（地陪导游）工作在旅游服务工作中的重要作用与意义。

（2）掌握地方导游（地陪导游）服务工作的八个主要流程与步骤，能结合具体接待案例熟练操作。

二、实训课时

（1）理论：1学时。

（2）实操：3学时。

三、实训准备

（1）多媒体教学设备。

（2）游客接待相关物品（作为教具的示范教具）准备。包括工作包、电子导游证、导游身份标识、导游旗、扩音器、旅行车标志、记事本、手机、手机充电器、常备药物等。

（3）组团社名称、旅游团团名等接待计划相关的机构、名称和人员信息样表；餐饮、住宿及景区门票等相关票据样表；旅游团活动日程表、团队游客意见反馈表等相关样表。

（4）景区导览图（图片或电子版）；景区主要线路、产品图片；景区导游词等。

四、实训方法

（1）教师充分运用多媒体设备及教具，将理论知识讲授和地方导游实践示范相结合。

（2）参训同学依据所选案例，结合课程要求、地方导游工作环节与内容，选择相应的道具进行实践操作训练。

五、实训内容与步骤

高质量的旅游体验取决于高质量的旅游产品和旅游服务，而高质量的旅游产品和旅游服务主要取决于旅游人才良好的专业素质及专业能力。因此，本实训项目的主要内容以地方导游服务程序为基础，通过对服务程序的全面、精确把握，强化地方导游的素质和能力。

（一）实训内容

1. 地方导游服务程序的整体流程训练

在全体参训同学一起学习的基础上，将参训同学分小组，以小组为单位，按顺序轮流学习并完整操作地方导游服务流程的八个环节内容。此环节为小组队员集体行动，应保持节奏一致，可相互提醒和帮助，以强化参训同学对地方导游服务工作整体流程的熟练掌握。

（1）导前服务准备。

（2）游客接站服务。

（3）游客入住服务。

（4）与领队或全陪核对确定游客活动日程。

（5）参观游览服务。

（6）导览过程中的其他服务。

（7）送站服务。

（8）导后后续工作。

2. 地方导游服务程序的专项训练

运用角色带入扮演法，从参训同学中选出八个同学，分别负责导游服务八大环节中的任一个环节，其他参训同学按需要分别扮演组团社、游客、旅游车司机、全陪（或领队）、酒店服务人员等角色，借助多媒体、教具及图片文字资料等，进行角色带入模拟实践训练，强化对地方导游服务工作每个环节的熟练度。

（二）实训步骤

1. 实训前的准备工作

（1）教师于课前将实训具体计划信息和操作方案发到参训同学群中，按课程训练要求准备好实训材料。

（2）参训同学按课程训练方案的设置准备个人所需材料，并完成分组及角色扮演人员安排的书面方案。

2. 实训工作的具体实施

（1）以小组为单位集体实训整个流程。

（2）每个参训学生个体担任地方导游一职，主要负责其中的某个服务环节，在其他参训同学的配合下完成角色扮演与体验。

（3）指导教师对同学的实训表现提出点评与分析。

3. 实训后的总结

（1）每个小组收拾整理好相关的教具及材料。

（2）每个参训同学提交一份自我实训分析，包括流程、体会、经验、存在问题、改进或完善的可行性方案。

（3）指导教师对同学的自我分析进行归纳后，提出典型经验或问题发至参训同学群，供参训同学之间讨论交流及下期实训时改进。

六、实训考核

（一）考核要点

1. 导前服务准备

导前服务准备是做好旅游活动接待的基础前提。地方导游的准备工作主要包括在旅行团到达前预先熟悉旅游行程计划、制订旅游接待计划、联系相关人员并准备好旅行所需的各项物质要件。具体包括以下要点：

（1）熟悉本次旅行活动的行程安排。熟悉组团社名称、联系人姓名及联系方式；旅游团人数、成员情况、费用、等级、到达时间与游客特殊要求等信息。（5分）

（2）制订旅游接待具体计划。与领队或全陪联系，核对并确定旅游团活动日程安排表，约定接团时间与地点；落实本地接送旅游团的车辆及联系人信息；核实旅游团住宿及餐饮标准、相关接待饭店及餐厅；熟悉或完善游览活动涉及的景区信息资料。（10分）

（3）依据接待计划做好相关准备。做好心理、语言、知识、形象准备以及地方导游服务所需的电子导游证、导游旗、扩音器、接站牌、记事本、常备药物、门票结算单、餐饮结算单、住宿接待单、游客意见反馈表等必备物品及个人物品。（10分）

2. 游客接站服务

接站是地方导游按接待计划，提前到达预定地方迎接旅游团。接站工作是地方导游和游客的第一次见面，因此既要热情、友好，又要准时。具体服务内容及要点主要包括：

（1）准备工作：确认旅游团到达的准确时间和地点；联系旅游车司机约定接待事宜；联系行李员约定旅游团行李运送具体时间地点。（5分）

（2）提前到达接站点，持接待站牌在约定地点迎接旅游团。（3分）

（3）见到游客态度要热情、友好，服务要细致周到。（2分）

3. 游客入住服务

（1）尽快办理好游客入住手续，包括指引游客进入房间、安置好行李。（3分）

（2）向游客介绍入住饭店或酒店的基本情况以及入住期间的人身财产安全等注意事项。（2分）

（3）陪同游客就餐并介绍次日的行程及时间安排。（3分）

（4）及时处理好游客入住遇到的意外情况。（2分）

4. 与领队或全陪核对确定游客活动日程

（1）尊重领队或全陪，及时与其沟通落实行程安排，了解游客是否有新的诉求或建议。（3分）

（2）若游客或领队有合理的新需求时，尽量理解并协助解决；若为非合理要求，婉言谢绝或报告旅行社寻求妥善处理办法。（2分）

5. 参观游览服务

参观游览是游客外出旅游的主要目的，是旅游活动的核心。因此，地方导游应该高度重视为游客提供参观游览服务的过程，确保游客的参观游览过程安全、顺利、获得优质旅游体验。具体包括以下要点：

（1）携带好参观游览过程中必需的物品，核实参观游览的景区、线路、餐饮安排。（5分）

（2）联系旅游车司机，提前半小时到达酒店接游客，提醒游客再次检查是否已携带并安放好自己的物品。（2分）

（3）清点核实游客人数，提醒途中注意事项，并协助有需要帮助的游客登车。（3分）

（4）前往目的地的行程中做好沿途风光导游并提前向游客介绍即将抵达参观景区的基本情况。（1分）

（5）到达景区后，提醒游客记住自己所乘坐旅游车的司机、车号、颜色、停车地点、集合时间。（1分）

（6）游览之前，利用景区导览图，给游客先讲解景区游览线路、游览时间安排、集合离开景区的时间与地点，并再次提醒游览途中的安全等注意事项。（3分）

（7）热情、主动地给游客讲解所游览景区的历史文化背景、自然景观特色、资源品位及资源价值等，使游客在愉悦的游览中增长知识并得到美的体验。（5分）

（8）生动讲解的同时，要留意游客的活动，防止游客走失或遭遇安全事故，尤其

要关照好团队中的老人小孩及身体不适的游客。（5 分）

（9）返程途中简要总结或补充讲解当天游览内容。若还有其他活动安排，做好相应的日程安排介绍及提醒。（5 分）

6. 导览过程中的其他服务

在导览过程中，有可能会遇到游客的一些个别性活动需求。在不影响团队整体活动安排及确保游客个性需求合理的前提下，地方导游要尽力协助满足游客的个性需求并做出必要的提醒，如个别游客关于社交、餐饮、娱乐、购物等方面的合理需求。（5 分）

7. 送站服务

送站服务是旅游产品和旅游活动中的重要构成部分，关系到游客整体旅游体验的效果，也是影响游客重游率的重要因素之一。具体包括以下要点：

（1）核实旅游团离开时间及票据情况。（2 分）

（2）与领队、全陪、饭店行李部一起商定游客出行李的方式及时间，及时通知游客，出行李时一起陪同游客清点好行李，并及时、高效地办理退房手续并协助游客按时登车出发。（3 分）

（3）送站途中组织好欢送活动，向游客表达感谢合作和惜别之情，表达对游客的祝福和欢迎再来的期望。（2 分）

（4）若有需要，请游客填写关于旅行社及地方导游服务质量的评价意见卡。（1 分）

（5）办理旅游团离站手续，与司机结清相关账务并保留好相关单据。（2 分）

8. 导后后续工作

（1）及时处理好旅游团遗留的相关问题，如游客托办的事宜。（2 分）

（2）及时整理好旅游接待过程中发生的相关票据资料、活动实施情况记录表、游客反馈意见和建议等，并上交旅行社。（3 分）

（二）观察要点

（1）导前服务准备的观察要点：准备工作是否认真、细致、周密。

（2）游客接站服务的观察要点：接站服务时间上是否准时；对游客信息的把握是否准确；对游客的态度是否热情、友好。

（3）游客入住服务的观察要点：办理入住手续是否高效、准确；介绍入住饭店信息是否全面；对有特殊要求游客的问题是否能及时解决；是否提醒游客入住注意事项、次日早餐时间、离开饭店时间。

（4）与领队或全陪核对确定游客活动日程的观察要点：是否尊重领队或全陪；是否耐心核对次日行程；是否较好地处理了领队或全陪对游览计划的临时性改变或补充要求。

（5）参观游览服务的观察要点：是否认真准备、精心安排了景区游览行程及行程中的餐饮服务；是否提醒了游客游览当天的天气情况及景区空间布局；是否主动、详细、全面地向游客介绍了游览景区的资源特色及历史文化背景；是否通过合理措施确保了游览行程中游客游览活动的安全和有序。

（6）导览过程中的其他服务的观察要点：是否能灵活恰当地应对处理了个别游客在游览参观活动时间之外提出的各种合理或不合理的社交、餐饮、娱乐和购物等服务要求。

（7）送站服务的观察要点：是否提醒游客核对交通票据、离店时间、叫早时间、早餐时间、出行李时间；是否准时高效地组织了离店相关手续的办理；是否圆满组织了欢送活动及游客意见反馈活动。

（8）导后后续工作的观察要点：是否及时处理了游客遗留的问题；是否有效处理了旅行活动账务结清问题及总结收尾工作。

七、学生总得分

八、教师评语

教师签名：

年　　月　　日

实训项目二

全程导游服务程序

一、实训目的

（1）了解全程导游工作在旅游服务工作中的重要作用与意义。

（2）掌握全程导游服务工作的六个主要流程与步骤，能结合具体接待案例熟练操作。

二、实训课时

（1）理论：1学时。

（2）实操：3学时。

三、实训准备

（1）多媒体教学设备。

（2）全程服务所需的相关物品（作为教具的示范教具）准备。包括本人身份证、电子导游证、边防通行证、接待计划、旅游团日程表、各地接旅行社联系通讯录、全陪日志、行李卡、少量现金及其他个人物品。

四、实训方法

（1）教师充分运用多媒体设备及教具，将理论知识讲授和全程导游服务示范相结合。

（2）参训同学依据所选案例，结合课程要求、全程导游服务工作环节与内容，选择相应的道具进行实践操作训练。

五、实训内容与步骤

高质量的旅游体验取决于高质量的旅游产品和旅游服务，而高质量的旅游产品和旅游服务主要取决于旅游人才良好的专业素质及专业能力。因此，本实训项目的主要内容以全程导游服务程序为基础，通过对服务程序的全面、精确把握，强化全程导游的素质和能力。

（一）实训内容

1. 全程导游服务程序的整体流程训练

在全体参训同学一起学习的基础上，将参训同学分小组，以小组为单位，按顺序轮流学习并完整操作全程导游服务流程的六个环节内容。此环节为小组队员集体行动，应保持节奏一致，可相互提醒和帮助，以强化参训同学对全程导游服务工作整体流程的熟练掌握。

（1）导前服务准备。

（2）首站接团服务。

（3）各站协调服务。

（4）途中服务。

（5）送团离站服务。

（6）导后后续工作。

2. 全程导游服务程序的专项训练

运用角色带入扮演法，从参训同学中选出六个同学，分别负责全程导游服务六大环节中的任一个环节，其他参训同学按需要分别扮演组团社、领队、游客、旅游车司机、地方导游、酒店服务人员等角色，借助多媒体、教具及图片文字资料等，进行角色带入模拟实践训练，强化对全程导游服务工作每个环节的熟练度。

（二）实训步骤

1. 实训前的准备工作

（1）教师于课前将实训具体计划信息和操作方案发到参训同学群中，按课程训练要求准备好实训材料。

（2）参训同学按课程训练方案的设置准备个人所需材料，并完成分组及角色扮演人员安排的书面方案。

2. 实训工作的具体实施

（1）以小组为单位集体实训整个流程。

（2）每个参训学生个体担任全程导游一职，主要负责其中的某个服务环节，在其他参训同学的配合下完成角色扮演与体验。

（3）指导教师对同学的实训表现提出点评与分析。

3. 实训后的总结

（1）每个小组收拾整理好相关的教具及材料。

（2）每个参训同学提交一份自我实训分析，包括流程、体会、经验、存在问题、改进或完善的可行性方案。

（3）指导教师对同学的自我分析进行归纳后，提出典型经验或问题发至参训同学群，供参训同学之间讨论交流及下期实训时改进。

六、实训考核

（一）考核要点

1. 导前服务准备

导前服务准备是做好旅游活动接待的基础前提。全程导游的导前准备工作主要包括在旅行团到达前预先熟悉旅游接待计划、旅游团的行程安排、联系各接待社并准备好旅行所需的各项物质要件。具体包括以下要点：

（1）熟悉本次旅行活动的行程安排：各地接社名称、联系人姓名及联系方式；旅游团途经的各地基本情况；旅游团计划参观的主要景区，各站安排的餐饮、住宿和娱乐活动，以及旅游者参团费用的收付方式等情况。（5分）

（2）熟悉旅游团的基本情况：领队的姓名及联系方式；旅游团的名称、人数、等级、费用；旅游团成员的民族、职业、性别、年龄、宗教信仰等信息，尤其要核实是否有身份特殊或身体情况特殊的游客，确定是否需要特别安排。（10分）

（3）制订旅游接待和全程陪同的具体计划：与领队及地方导游联系，核对并确定旅游团活动日程安排表，约定接团时间与地点；落实本地接送旅游团的车辆及联系人信息；核实旅游团住宿及餐饮标准、相关接待饭店及餐厅；熟悉游览活动涉及的景区信息资料；领取前往首站地的交通票据。（5分）

（4）依据全程导游计划，做好心理、语言、知识、形象准备以及全程导游服务所需的身份证、电子导游证、边防通行证、接待计划书、接待日程表、各地旅行社的地址及联系方式、全程导游日志、行李卡、记事本、常备药物、游客意见反馈表等必备物品及个人物品。（5分）

2. 首站接团服务

首站接团服务是全程导游和游客的第一次见面，游客对全程导游良好的第一印象，直接关系到后续整个旅程中双方的信任与配合，因此，全程导游要和地方导游密切配合，准时准点、热情友好地做好旅游团的首站接待工作。具体服务内容及要点主要包括：

（1）接团前，与接待社联系，核对旅游团到达的准确时间和地点，确认首站接待计划及具体安排。（3分）

（2）与地方导游一起，提前半小时到达接站点，协助地方导游做好迎接旅游团的工作。（2分）

（3）接旅游团后，要热情、友好，主动向游客和领队问好，将地方导游介绍给领队和旅游团，并协助地方导游核实游客人数，若实到人数与接待计划中不符，则问清楚原因并及时通报给组团社，以便于组团社及时通知各地接社。（5分）

（4）旅游团上车入座后，全程导游代表组团社及个人向旅游团致欢迎词；说明本次旅程的全程安排情况并发放本次行程的相关资料，提醒途中需要注意的事项；表达提供优质全程服务的意愿并预祝旅游团本次旅行圆满愉快。（5分）

（5）协助地方导游办理游客入住酒店的相关手续；与领队及地方导游核实团队活动日程安排、互通房间号及联系方式、掌握入住酒店总台电话号码；若地方导游不入住酒店，则全程导游要承担照顾团队的责任。（5分）

3. 各站协调服务

全程导游的主要工作是按组团社的旅游接待计划，协调保障各旅游地接待社之间旅游接待工作的有机衔接，同时，协助和监督各接待社、地方导游和景区导游的服务工作，确保旅游行程的顺利开展。具体包括以下要点：

（1）到站服务：抵达每一个旅游目的站后，全程导游要先做好和各站地方导游之间的接洽工作，包括人员情况介绍、行李托运单转接、旅游团对当地旅游行程的建议或要求。（5分）

（2）停留服务：旅游团在各目的地停留期间，全程导游要协助地方导游处理好各项服务工作，并督促地方导游提供优质服务，确保旅游团队成员的人身财产安全并提升其旅游体验质量。（5分）

（3）离站服务：离开旅游团所在旅游目的地之前，全程导游要协助地方导游办理好离开本站的交通、行李安排、游客告知等相关准备工作，并做好和下一站之间的联系工作。（5分）

4. 途中服务

途中服务主要是指旅游团前往各旅游目的地之间的行程中全程导游所提供的各项服务。包括常规的交通安排、途中的专题讲解及娱乐活动组织、行李服务，为特殊成员提供的个性服务，以及应对意外或突发状况的各项目服务工作。（10分）

5. 送团离站服务

末站送团离站（离境）服务是全程导游服务工作中和游客直接接触的最后一个环节。送站服务是否顺利，是否给游客留下良好印象，关系到游客整体旅游体验的成败，也是决定游客是否重游的重要影响因素，因此，全程导游的送站服务要细致、周到、耐心。具体包括以下要点：

（1）在旅游团结束旅程离开之际，全程导游应与旅游团告别，通过对本次旅途的简要回顾，感谢全团成员对自己工作的支持、感谢大家一起度过的这段愉快旅程，欢迎大家再次光临。（5分）

（2）征求旅游团对整个旅游行程的意见和建议；若途中发生过不愉快的事或对突发事件处理不当，要对当事旅游者再次表示歉意以求谅解，或以适当形式予以弥补。（3分）

（3）提醒旅游团随身携带好过海关时涉及查验的海关申报单、相关物品发票、清单及本人护照。（3分）

（4）提醒领队和旅游团办理出境手续的流程及提前两小时到达机场的规定。（2分）

（5）送旅游团到机场，提醒其携带或办理好行李托运，热情和旅游团道别。（2分）

6. 导后后续工作

（1）送别旅游团后，全程导游要认真处理好旅游团遗留的相关问题，处理中如遇重大问题，应及时上报组团社再依据其意见处理。（5分）

（2）将全程导游过程中填写好的“全陪日志”或其他要求的资料及时提交给组团社等部门。（5分）

（3）尽快按财务规定结清该团账目并归还向旅行社借的相关物品。（5分）

（二）观察要点

（1）导前服务准备的观察要点：准备工作是否认真、细致、周密、专业。

（2）首站接团服务的观察要点：接站服务时间上是否准时；对领队和旅游团信息的把握是否准确；对领队及旅游者的态度是否热情、友好。

（3）各站协调服务的观察要点：是否较好地完成各站之间的各项接洽沟通服务；是否尽力协助地方导游很好地完成该站游览活动，并做好了相应的督促或监督工作。

（4）途中服务的观察要点：是否按接待计划顺利为旅游团做好了站点间交通 、餐饮、娱乐、行李及专题介绍活动；是否耐心、周到地照顾好了特殊成员的特定需求；是否及时、高效处理好了途中所遇的突发事件。

（5）送团离站服务的观察要点：是否较好地组织了送别及致谢活动；是否表达了欢迎再次光临的美好愿望；是否提醒了旅游团离境业务相关流程及注意事项；是否及时送站并耐心、细致地协助领队安排好旅游团行李问题。

（6）导后后续工作的观察要点：是否及时处理了游客遗留或委托的事项；是否有效处理了账务结算问题及总结收尾工作。

七、学生总得分

八、教师评语

教师签名：

年　　月　　日

海外导游服务程序

海外导游又称为出境旅游领队人员，是依照《出境旅游领队人员管理办法》规定取得出境旅游领队证，接受具有出境旅游业务经营权的国际旅行社的委派，从事出境旅游领队业务的人员。作为组团社的代表，海外导游在整个出境旅游行程中起着举足轻重的重要作用。一方面，要代表组团社，协同境外接待的旅行社全程导游及地方导游完成旅游团的旅游计划；另一方面，要全程陪同出境旅游团并提供相关服务；同时，要监督和协调好出境旅游行程中旅游团和接待社之间的相关事务。因此，海外导游是组团社、旅游目的地国家接待旅行社、旅游者、全程导游和地方导游之间沟通的桥梁和联接的纽带，在出境旅游活动的顺利运作和稳定出境旅游团成员心理方面都发挥着不可替代的作用。

一、实训目的

（1）了解海外导游工作在旅游服务工作中的重要作用与意义。

（2）掌握海外导游服务工作的六个主要流程与步骤，能结合具体接待案例熟练操作。

二、实训课时

（1）理论：1学时。

（2）实操：3学时。

三、实训准备

（1）多媒体教学设备。

（2）海外导游服务所需的相关物品（作为教具的示范教具）准备。包括证件和机票、接待计划及分房名单、领队证及领队旗、名单表、保险单、出境旅游行程表、境外接待旅行社联系通讯录、通信联络工具及救急电话号码、地图等业务资料、常用药品及其他个人必需物品。

四、实训方法

（1）教师充分运用多媒体设备及教具，将理论知识讲授和海外导游服务示范相结合。

（2）参训同学依据所选案例，结合课程要求、海外导游服务工作环节与内容，选择相应的道具进行实践操作训练。

五、实训内容与步骤

相比较国内旅游和入境旅游，出境旅游涉及跨境问题，需要办理的手续更多、需要注意的事项也更多，因此，海外导游服务工作相比其他导游服务也更为复杂，领队个人专业素质和专业能力的要求也更高。因此，本实训项目的主要内容以海外导游服务程序为基础，通过对整个服务流程的学习，强化学生对领队素质和能力的熟悉和掌握。

（一）实训内容

1. 海外导游服务程序的整体流程训练

在全体参训同学一起学习的基础上，将参训同学分小组，以小组为单位，按顺序轮流学习并完整操作领队服务流程的六个环节内容。此环节为小组队员集体行动，应保持节奏一致，可相互提醒和帮助，以强化参训同学对全程领队服务工作整体流程的熟练掌握。

（1）出境前准备工作。

（2）出境服务。

（3）境外服务。

（4）目的地国（地区）离境服务。

（5）归国入境服务。

（6）归国后续工作。

2. 海外导游服务程序的专项训练

运用角色带入扮演法，从参训同学中选出六个同学，分别负责海外导游服务六大环节中的任一个环节，其他参训同学按需要分别扮演组团社、组团社后勤操作人员、海关服务人员、全程导游、游客、地方导游等角色，借助多媒体、教具及图片文字资料等，进行角色带入模拟实践训练，强化对海外导游服务工作每个环节的熟练度。

（二）实训步骤

1. 实训前的准备工作

（1）教师于课前将实训具体计划信息和操作方案发到参训同学群中，按课程训练要求准备好实训材料。

（2）参训同学按课程训练方案的设置准备个人所需材料，并完成分组及角色扮演人员安排的书面方案。

2. 实训工作的具体实施

（1）以小组为单位集体实训整个流程。

（2）每个参训学生个体担任海外导游一职，主要负责其中的某个服务环节，在其他参训同学的配合下完成角色扮演与体验。

（3）指导教师对同学的实训表现提出点评与分析。

3. 实训后的总结

（1）每个小组收拾整理好相关的教具及材料。

（2）每个参训同学提交一份自我实训分析，包括流程、体会、经验、存在问题、改进或完善的可行性方案。

（3）指导教师对同学的自我分析进行归纳后，提出典型经验或问题发至参训同学群，供参训同学之间讨论交流及下期实训时改进。

六、实训考核

（一）考核要点

1. 出境前准备工作

海外导游出团前的工作准备是否充分，关系到整个出境旅游计划能否顺利开展，因此，海外导游要围绕接受任务和召开行前说明会两项工作，全面、细致地做好出团前的准备工作。具体包括以下要点：

（1）与组团社后勤操作员（Operater，简称 OP）沟通旅游团情况。海外导游在出团前，要先和 OP 交接工作。首先，海外导游要和 OP 互留联系方式，以便行程中旅游团或团队信息出现问题时及时、顺利地联系解决。其次，海外导游要在 OP 的帮助下，熟悉团队成员基本情况。包括团队整体情况，团内重点成员及其特殊安排和特别要求的情况，团队的完整行程以及行前说明会的相关安排。（5 分）

（2）接受 OP 移交的出团相关资料。海外导游在听取 OP 介绍整体情况的基础上，还要接收其移交的各种关于该团的资料。按照《旅行社出境旅游服务质量标准》的要求和《中国公民出国旅游管理办法》的规定，海外导游需要接收的资料主要包括团队名单表、出入境登记卡、海关申报单、旅游证件、旅游签证（注）、交通票据、接待计划书、联络通信录、出境旅游行程表和中国公民出国旅游团队名单表。

其中，出境旅游行程表的内容要清楚明了。按照《旅行社出境旅游服务质量标准》的相关规定，出境旅游行程表要列清楚以下六个方面的内容：①本次出团时间、旅游目的地及旅游线路安排；②旅游行程中交通工具的具体安排；③旅游团队行程中的食宿标准及档次；④旅游行程中安排的购物、娱乐以及自费项目明细；⑤本次行程组团社和各地接社主要负责人名单及具体的联络方式；⑥预防旅游团队遇到意外或紧急情况的应急方案、联络人及其联络方式。（10 分）

（3）熟悉旅游团队案卷。为提供给游客更有针对性、更有效优质的服务，海外导游在遵守保密的职业操守基础上，要认真了解旅游团队的构成情况，全面掌握相关信息。具体包括团队的团号和人数，团队成员的个人信息，以及需要特殊照顾或重点关注的团队成员信息。（5 分）

（4）熟悉旅游行程及接待计划。海外导游在出行前要认真阅读并熟悉两个方面的行程接待计划。首先，要熟悉组团社在行程前发给游客的旅行行程计划书。其次，要熟悉组团社用于与境外接待社确认团队接待计划的计划书。对两份计划书，都要熟练到能随时复述。同时，海外导游还要充分熟悉出境旅游目的地国（地区）的情况，如该国（地区）的法律法规、民族特点、景区地理环境和文化特色等方面。（5分）

（5）分类并归档整理全团的证件及其他资料。为了顺利出团，避免临时性的证件错漏或联系不上队员的意外情况，海外导游在出团前要查验全团成员的相关证件，并分类制定团队资料速查表。证件检查主要是对签证、护照和机票数量及贴签顺序的检查，归档整理主要是对团队成员信息进行可快速查询的分类和归类，重点提取出旅行期间有特殊需求或禁忌的游客信息。（5分）

（6）组织好旅行前说明会。按照《旅行社出境旅游服务质量》的规定，旅行前说明会一般包括以下内容：①旅游者出境旅游必须注意的有关事项及必须办理的手续；②给游客发放出境旅游行程表等书面资料；③介绍出境旅游相关法律法规以及旅游目的地国（地区）的民俗习惯；④发放团队标志胸牌、太阳帽及行李牌等物品给游客，并将自己的联系方式、旅游目的地天气情况等其他的注意事项告知游客；⑤联系没有按时参加说明会的游客并告知相关事项，确定补发应发物品的时间和地点。（5分）

2. 出境服务

出境服务主要包括出发前的团队集合服务、带团出境服务、飞行途中服务、抵站服务四个层次，涉及本国和旅游目的地国家的海关检查、卫生检疫检查、边防出入境检查以及登机安全检查等事项，具体如下：

（1）出发前的团队集合服务。主要包括清点团队人数和介绍出境程序。海外导游应提前到达预定的集合点，做好接待游客的相关准备。与游客见面后做好游客签到工作，告知游客即将办理的手续及其流程，并及时处理好游客迟到或临时取消行程等意外状况。（5分）

（2）带团出境服务。主要服务内容包括按照海关的各项规定，引导游客填写海关申报单，办理乘机手续和行李托运，接受卫生检疫检查，并完成交验出境卡、查验护照及机票等边防检查和登机安检事项。（5分）

（3）飞行途中服务。与旅游目的地国家（地区）接待社导游会合之前，海外导游要代表组团社负责旅游团的整个服务工作。因此，在飞行途中，海外导游在进一步熟悉团队情况的基础上，要为游客提供各项帮助服务。主要包括协助游客调换座位、提醒游客熟悉飞机上的救生设备、解答游客的个性化问题及照料有特殊需求的游客，同

时还要帮助游客填写入境卡及海关申报单。（5分）

（4）抵站服务。抵达旅游目的地国家（地区）后，海外导游的抵站服务主要包括带领团队接受黄皮书和健康证明查验、入境卡和护照签证查验，领取托运行李，交验海关申报表，并按行程单约定时间和地点与目的地导游会面。（5分）

3. 境外服务

海外导游的主要工作是按照组团社和游客之间所签订的旅游合同的标准和内容，以及组团社依据合同制订的旅游行程计划书，为游客提供应有的服务，并督促旅游目的接待社及其导游员按约定标准和行程内容开展旅游活动。在抵达旅游目的地与接待社导游会面后，海外导游的服务工作主要包括以下几点：

（1）配合旅游目的地导游的工作，与其密切合作。海外导游在与目的地导游会面后，要向游客介绍导游，协助导游安排好团队的住宿、就餐、行李安放等事项，就团队日程表安排与导游进行对照检查，有问题及时协调，并将团队中的特殊情况或客人信息与导游进行沟通。若行程计划中有购物及观看演出的安排，海外导游要做好相应的服务，包括介绍注意事项、告知购物退税规定、提供翻译服务和引领游客入座等服务。（5分）

（2）督促旅游接待社及其导游按计划实施并顺利完成游览计划。在以旅游目的地接待社导游为主的游览过程中，海外导游要辅助并督促导游按合同内容和约定实施游览活动。首先，海外导游要将每日完整行程告知全体游客，并对次日安排进行提前预告。若有突发意外情况，要及时和导游沟通并将情况告知游客。其次，在游览过程中，确认具体游览安排是否符合合同所签订的时间、数量、标准和档次，若有不符之处，要及时提醒导游并解决好。最后，及时向导游反馈游客的意见，并推动形成有效的解决方案，维护游客和组团社的利益。（5分）

（3）完成工作记录并进行总结发言。在配合和督促地接社及地接导游工作的同时，海外导游要填写工作记录，包括旅游目的地接待社、导游服务、酒店住宿、饭店餐饮、景区质量、旅游行程安排合理性等方面的记录和评价。同时，还要向团队成员发放旅游服务质量评价表，督促游客填写并在游览行程结束前收回。（5分）

4. 目的地国（地区）离境服务

离境服务属于整个旅游行程的后期工作，海外导游服务工作重心转向组织旅游团队返程回国的活动上。其具体服务流程与入境服务大致相似，主要包括办理乘机手续（换领登机卡、托运行李），购买机场税、接受边防查验（交验出境卡、查验护照机票）和通过海关检查（填写海关申报单、申报出境物品）等，并引领游客准备登机。若游客有购物，登机前海外导游还要协助办理退税手续（盖海关印鉴、领取退税款）。（10分）

5. 归国入境服务

归国入境服务是海外导游及其所在组团社直接服务游客的最后一个环节，对旅游活动体验的完整性有很重要的意义。具体的工作主要包括引领游客填写入境卡和健康申明卡，交验健康申明卡并接受体温测量，交验出境卡及查验护照、机票，领取托运行李，填写海关申报单及申报入境物品等。（10分）

6. 归国后续工作

带团归国并送别游客后，海外导游要与组团社做好工作交接，包括将带团工作日志、工作总结和团队其他凭证等材料移交给OP。若旅行途中发生特殊或意外事件，应将相关的书面报告和接团工作总结一并交付给OP。

同时，海外导游要做好团队的账务处理工作，包括按组团社要求及时进行报账工作，领取带团酬劳。此外，处理好游客的遗留问题，并尽可能保持与游客的联系，为组团社塑造良好的社会形象。（10分）

（二）观察要点

（1）出境前准备工作的观察要点：准备工作是否认真、细致、周密、专业。

（2）出境服务的观察要点：集合团队是否准时周到、友好、热情；对团队成员和特殊客人信息的把握是否准确；对出境各项法律法规和旅游目的地国家（地区）民俗习惯的掌握是否熟练专业；对禁止出入境的物品的掌握是否全面；对各国卫生检疫和边防检查工作流程及范围的掌握是否完整和专业。

（3）境外服务的观察要点：是否较好地完成和目的地国家（地区）接待社及其导游之间的各项接洽沟通服务；是否尽力协助接待社导游很好地完成游览行程，并做好了相应的督促、监督和反馈工作，是否及时、专业地处理好游客的意见反馈及投诉请求，是否较好地完成了工作纪录及旅游服务质量评价表的填写。

（4）目的地国（地区）离境服务的观察要点：是否引领游客快速、有序地完成了离境手续的办理；是否耐心、周到地提醒并引导好了不同情况游客的离境活动；是否及时、高效地处理好了途中所遇的突发事件。

（5）归国入境服务的观察要点：是否较好地组织了入境、送别及致谢活动；是否表达了欢迎再次光临的美好愿望；是否耐心细致地安排好旅游团行李问题。

（6）归国后续工作的观察要点：是否及时处理了游客遗留或委托的事项；是否有效处理了账务结算问题及总结收尾工作。

七、学生总得分

八、教师评语

教师签名：

年　　月　　日

实训项目四

景区导游服务程序

景区导游，也称为景点导游。与其他导游服务形式和范围不同，景区导游的服务地域一般固定在特定的景区或景点，服务的内容也主要集中在该景区的口头讲解方面，因此，有时也被称为定点导游或景区讲解员。由于景区是旅游系统中最重要的构成部分，是旅游者出游的主要动因，也是旅游活动的核心载体，因此，景区导游的工作非常重要。而且，虽然服务内容和形式相对单一，但对景区专业知识的掌握程度却要求很高。要做好景区导游，必须有广博且精深的专业知识以及较好的语言表达能力。

一、实训目的

（1）了解景区导游工作在旅游服务工作中的重要作用与意义。

（2）掌握景区导游服务工作的四个主要流程与步骤，能结合具体接待案例熟练操作。

二、实训课时

（1）理论：1 学时。

（2）实操：3 学时。

三、实训准备

（1）多媒体教学设备。

（2）游客接待相关物品（作为教具的示范教具）准备。包括景点导游证、导游身份标识、导游讲解工具或器材、电话联系录、名片、记事本等。

（3）景区导览图（图片或电子版）；景区主要线路；导游图册；景区导游词等。

（4）若接待的是团队，还应掌握组团社名称、旅游团团名等接待计划相关的机构、名称和人员信息样表；该旅游团活动日程表、团队游客意见或质量反馈表等相关样表。

四、实训方法

（1）教师充分运用多媒体设备及教具，将理论知识讲授和景区导游实践示范相结合。

（2）参训同学依据所选案例，结合课程要求、景区导游工作环节与内容，选择相应的道具进行实践操作训练。

五、实训内容与步骤

（一）实训内容

1. 景区导游服务程序的整体流程训练

在全体参训同学一起学习的基础上，将参训同学分小组，以小组为单位，按顺序轮流学习并完整操作景区导游服务流程的四个环节内容。此环节为小组队员集体行动，应保持节奏一致，可相互提醒和帮助，以强化参训同学对景区导游服务工作整体流程的熟练掌握。

（1）导前服务准备。

（2）迎接服务。

（3）景区导游服务。

（4）送别服务。

2. 景区导游服务程序的专项训练

运用角色带入扮演法，从参训同学中选出四个同学，分别负责景区导游服务四大环节中的任一个环节，其他参训同学按需要分别扮演团队游客、全陪（或领队）、地方导游、散客、景区管理人员等角色，借助多媒体、教具及图片文字资料等，进行角色带入模拟实践训练，强化对景点导游服务工作每个环节的熟练度。

（二）实训步骤

1. 实训前的准备工作

（1）教师于课前将实训具体计划信息和操作方案发到参训同学群中，要求同学按课程训练要求准备好实训材料。

（2）参训同学按课程训练方案的设置准备个人所需材料，并完成分组及角色扮演人员安排的书面方案。

2. 实训工作的具体实施

（1）以小组为单位集体实训整个流程。

（2）每个参训学生个体担任导游一职，主要负责其中的某个服务环节，在其他参训同学的配合下完成角色扮演与体验。

（3）指导教师对同学的实训表现提出点评与分析。

3. 实训后的总结

（1）每个小组收拾整理好相关的教具及材料。

（2）每个参训同学提交一份自我实训分析，包括流程、体会、经验、存在问题、改进或完善的可行性方案。

（3）指导教师对同学的自我分析进行归纳后，提出典型经验或问题发至参训同学群，供参训同学之间讨论交流及下期实训时改进。

六、实训考核

（一）考核要点

1. 导前服务准备

导前服务准备是做好景区游览活动的基础保障，主要包括面向散客和面向团队两个层次。两者的差别主要在于面向团队时，因为有合同规范，且游客数量多，景区导游活动的计划性和规范性特征更为明显，除了良好的景区专业知识准备，还要兼顾团队接待的常规程序。具体而言，针对团队游客，景区导游的准备工作主要包括在旅行团到达前预先熟悉旅游行程计划、制订景区导游计划、联系相关人员并准备好导游讲解所需的各项物质要件。具体包括以下要点：

（1）熟悉本次团队导览活动的行程安排。熟悉组团社名称、联系人姓名及联系方式；旅游团人数、客源地、职业、身份、到达时间与游客特殊要求等信息。（5分）

（2）制订旅游导览的具体计划。与全陪或地方导游联系，核对并确定旅游团活动日程安排表，落实本地接送旅游团的车辆及联系人信息。（5分）

（3）依据接待计划做好相关准备。做好心理、语言、知识、形象准备以及景区导游服务所需的电子导游证、导游旗、扩音器、记事本、游客意见反馈表等必备物品及个人物品。（10分）

（4）熟悉或完善游览活动涉及的景区景点信息。依据接待团队成员的身份、旅游动机、游览时间以及景区游客流量情况，做好景区内的线路设计和讲解内容设计。（10分）

2. 迎接服务

一般情况下，景区导游是在接到通知后，按照旅游团约定到达的时间，在景区景点大门等待和迎接游客。迎接工作是景点导游和游客的第一次会面，要热情、友好，给游客留下良好的第一印象。具体服务内容及要点主要包括：

（1）准备工作：确认旅游团到达的准确时间和地点；联系司机约定接待事宜；联系行李员约定旅游团行李运送具体时间和地点。（5分）

（2）提前到达迎接点，持景点导游接待标志在约定地点迎接旅游团。（5分）

（3）游客到齐后，致欢迎词，并清点人数。（5分）

（4）进行自我介绍，表达愿意为游客提供优质服务的态度。（5分）

3. 景区导游服务

景区是游客外出旅游的主要对象，是旅游活动的核心目标。因此，景区导游应该高度重视为游客提供游览讲解服务的过程，确保游客在景区参观游览过程的安全、顺利、满意，获得优质旅游体验。具体包括以下要点：

（1）清点核实游客人数，确定是否有需要特殊帮忙的游客。（5分）

（2）利用景区导览图，介绍景区总体环境和景点分布情况，核实并说明本次游

览参观的主要景点、线路和游览时间安排，并再次提醒游览途中的安全等注意事项。（10分）

（3）热情、生动、清晰地给游客讲解所游览景点的历史文化背景、自然景观特色、资源品位及资源价值等，带领游客参与景区内的体验性活动，促进游客在愉悦的游览中增长知识并获得美的体验。（10分）

（4）行程中留意游客的活动，避免游客走散或擅自离队发生安全事故，尤其要协助全陪或地方导游关照好团队中的老人、小孩及身体不适的游客。（5分）

4. 送别服务

送别服务是景区导游工作的尾声，也是给游客留下难忘记忆、影响游客重游的关键环节。主要包括以下要点：

（1）简要总结整个游览行程。（3分）

（2）表达对团队成员的感谢之情和惜别之情。（2分）

（3）表达对团队成员的祝福和期待重逢的美好愿望。（5分）

（4）提醒团队成员紧接着的行程安排。（5分）

（5）若有需要，请游客填写关于景区导游服务质量的评价意见卡。（5分）

（二）观察要点

（1）导前服务准备的观察要点：准备工作是否认真、细致、全面。

（2）迎接服务的观察要点：迎接服务是否准时、准点；对游客信息的把握是否准确；对游客的态度是否热情、友好；导游的形象准备是否适宜、精神。

（3）景区导游服务的观察要点：是否认真准备、精心设计了景区游览行程及行程中的讲解服务；是否提醒了游客游览当天的天气情况及景点空间布局；是否生动、细致、专业地向游客介绍了游览景点的资源特征及历史文化特色；是否通过合理措施确保了游客游览行程中的安全和有序；是否灵活处理了景区拥挤时段的景点线路重组问题。

（4）送别服务的观察要点：是否圆满组织了欢送活动；是否有效组织了游客意见反馈活动。

七、学生总得分

八、教师评语

教师签名：

年　　月　　日

散客导游服务程序

散客导游服务的对象是散客旅游者。随着自助游市场的快速发展和旅游者需求的多元化发展，散客旅游在旅游市场中的比重越来越大，散客导游面临越来越多的市场机会。因为散客旅游者旅游方式和旅行社组团旅游模式之间的差别，散客导游的服务方式也有别于组团社导游。具体而言，散客旅游和团队旅游之间从旅游行程的计划安排、付费方式、价格、自由度和人数方面都有差别。相比团队旅游，散客旅游对导游服务项目内容要求比较单一，服务周期比较短。但同时，因散客旅游自由度高、个性化需求多，散客导游服务程序变化较快，工作难度也更大，散客导游在服务中必须更仔细、周到。

一、实训目的

（1）了解散客导游工作在旅游服务工作中的重要作用与意义。

（2）掌握散客导游服务工作的四个主要流程与步骤，能结合具体接待案例熟练操作。

二、实训课时

（1）理论：1学时。

（2）实操：3 学时。

三、实训准备

（1）多媒体教学设备。

（2）游客接待相关物品（作为教具的示范教具）准备。包括电子导游证、导游身份标识、接站牌、导游讲解工具或器材、游客联系电话、照相机、餐单、游览券、名片、记事本等。

（3）景区导览图（图片或电子版）；景区主要线路；导游图册等。

四、实训方法

（1）教师充分运用多媒体设备及教具，将理论知识讲授和散客导游实践示范相结合。

（2）参训同学依据所选案例，结合课程要求、景区导游工作环节与内容，选择相应的道具进行实践操作训练。

五、实训内容与步骤

（一）实训内容

1. 散客导游服务程序的整体流程训练

在全体参训同学一起学习的基础上，将参训同学分小组，以小组为单位，按顺序轮流学习并完整操作散客导游服务流程四个环节的内容。此环节为小组队员集体行动，应保持节奏一致，可相互提醒和帮助，以强化参训同学对散客导游服务工作整体流程的熟练掌握。

（1）导前服务准备。

（2）接站服务。

（3）导游服务。

（4）送站服务。

2. 散客导游服务程序的专项训练

运用角色带入扮演法，从参训同学中选出4个同学，分别负责散客导游服务四大环节中的任一个环节，其他参训同学按需要分别扮演旅游散客、司机、旅行社计调等角色，借助多媒体、教具及图片文字资料等，进行角色带入模拟实践训练，强化对散客导游服务工作每个环节的熟练度。

（二）实训步骤

1. 实训前的准备工作

（1）教师于课前将实训具体计划信息和操作方案发到参训同学群中，要求同学按课程训练要求准备好实训材料。

（2）参训同学按课程训练方案的设置准备个人所需材料，并完成分组及角色扮演人员安排的书面方案。

2. 实训工作的具体实施

（1）以小组为单位集体实训整个流程。

（2）每个参训学生个体担任导游一职，主要负责其中的某个服务环节，在其他参训同学的配合下完成角色扮演与体验。

（3）指导教师对同学的实训表现提出点评与分析。

3. 实训后的总结

（1）每个小组收拾整理好相关的教具及材料。

（2）每个参训同学提交一份自我实训分析，包括流程、体会、经验、存在问题、改进或完善的可行性方案。

（3）指导教师对同学的自我分析进行归纳后，提出典型经验或问题发至参训同学群，供参训同学之间讨论交流及下期实训时改进。

六、实训考核

（一）考核要点

1. 导前服务准备

导前服务准备是做好散客接待活动的前提，主要包括面向散客、小包价团和自驾游游客三类对象，其服务要点主要有以下几点：

（1）熟悉本次导游活动的行程安排。掌握散客人数、姓名，联系方式；了解散客乘坐的交通工具、终点站名称、位置及到站时间。（5分）

（2）制订好旅游导览的具体计划。依据散客旅游者的个性需求，设计好旅游线路及其具体时间安排；做好旅游线路涉及各景区的交通、门票价格明细表；落实散客游客是否需要本地接送，若需接送，核实相关车辆及联系人信息。（10分）

（3）依据接待计划做好相关准备。做好心理、语言、知识、形象准备，以及游客个性需求涉及的服务工具，如照相机等旅拍工具。（10分）

（4）联系交通工具。联系司机，确定出发时间、地点、车型、车号等信息。（5分）

2. 接站服务

接站工作是散客导游和游客的第一面，要热情、友好、稳重，给游客留下安全、专业的第一印象。具体服务内容及要点主要包括以下几点：

（1）提前到达约定的站点，持接待牌等候游客。（2分）

（2）确定游客身份后，致欢迎词，并介绍自己、自己所在的旅行社和司机，表达自己很高兴为游客服务的意愿。如果是小包价旅游团，帮助游客提取并清点好行李后交付行李员运送，引导游客上车。如果是自驾游游客，提供计划线路并引导其前往停车点。（5分）

（3）沿途导游服务。前往饭店途中，简单介绍所在城市的概况、下榻饭店概况并确定日常安排。（5分）

（4）帮助办理住宿及停车服务。抵达饭店后，帮助游客办理好入住手续、核对并将行李送至游客房中、记录游客的房间号码并提醒住店注意事项。自驾游游客要引领其将车停至指定地点。（5分）

（5）确认游览日程安排。办理好入住手续后，再次与游客核对确认详细的日程安排、游览的景区及其门票费用、乘坐的交通工具、就餐方式档次、游览服务方式、行程结束时间及送站安排等事项，核对无误后请游客签字确认。（5分）

（6）依据游客兴趣和需要推荐相关的旅游服务项目。（3分）

3. 导游服务

散客旅游者个性化需求突出，行程自由度高。因此，散客导游要有高度的责任心，耐心倾听游客的需求和意见，多做解释和提醒工作，全面细致地做好组织协调工作，保障旅游行程的顺利开展和游客的安全舒心。

（1）散客导游会同司机，提前到饭店或指定地点等候游客，游客到齐后清点人数并帮助游客带好行李按顺序上车，再按日程安排前往游览景区。（5分）

（2）利用景区导览图，介绍景区总体环境、景点分布情况，本次游览参观的主要景点、线路和游览时间安排，并再次提醒游览途中的安全等注意事项。（5分）

（3）热情、生动、清晰地给游客讲解所游览景点的历史文化背景、自然景观特色、资源品位及资源价值等，带领游客参与景区内的体验性活动，促进游客在愉悦的游览中增长知识并获得美的体验。（5分）

（4）行程中留意游客的活动，避免游客走失或擅自离开发生安全事故。（5分）

（5）按计划完成景区游览后，散客导游要陪同司机将游客送至下榻的饭店，并提醒次日的行程安排及送站时间。（3分）

（6）若散客有行程外的购物或娱乐需求，散客导游要当好顾问，尽可能提供可行而安全的建议，必要时陪同前往。（2分）

4. 送站服务

完成行程安排的所有游览活动后，散客导游应按照送站计划，准时准点送游客顺利、安全地离开。

（1）确认游客离开的时间、乘坐的交通工具，旅行社送站的交通车车型、车号、司机联系方式。（2分）

（2）按照约定时间，提前到饭店等候游客，引导游客办理离店手续、清点行李，并照顾游客上车离店。途中代表旅行社向游客表达感谢之情和惜别之情，并听取游客的服务意见和建议。（5分）

（3）送游客到站后，帮助其办理好离站手续，安顿好行李，同游客告别，并表达祝福和期待重逢的美好愿望。（5分）

（4）对自驾游游客，在上述流程之外，还要做好向导服务、安全服务和生活提醒服务。（3分）

（5）完成接待任务后，散客导游要及时将游客接待中的有关情况、游客的意见和建议反馈给旅行社散客部计调部门。（5分）

（二）观察要点

（1）导前服务准备的观察要点：准备工作是否认真、细致、全面。

（2）接站服务的观察要点：迎接服务是否准时、准点；对游客信息的把握是否准确；对游客的态度是否热情、友好。

（3）导游服务的观察要点：是否认真准备、精心设计了景区游览行程及行程中的讲解服务；是否提醒了游客游览当天的天气情况及景点分布情况；是否生动、细致、专业地向游客介绍了游览景点的资源特征及历史文化特色；是否确保了游客游览行程中的安全和有序；是否灵活处理了散客旅游者的个性化需求；离开景区时，是否做了安全提醒。

（4）送站服务的观察要点：是否准时、准点组织了送站服务；是否帮助游客顺利离站；是否有效反馈或登记了游客的意见和建议。

七、学生总得分

八、教师评语

教师签名：

年　　月　　日

实训项目六

接待前准备工作和迎接服务

一、实训目的

（1）熟悉旅游接待计划的格式与内容。

（2）掌握导游接团前准备工作的内容。

（3）掌握落实接待工作的各项内容和工作方法。

（4）掌握迎接服务的方法和技巧。

二、实训课时

（1）理论：1学时。

（2）实操：3学时。

三、实训准备

证件（导游证、胸卡、工作证、身份证）；导游服务用品（接待计划、导游图、导游旗、接站牌、旅游车标志、宣传材料、名片、记事本、扩音器等）；导游服务中的各类结算票据。

四、实训方法

（1）模拟设计法：按旅游接待计划的格式和内容设计旅游接待计划。

（2）角色扮演法：在落实旅游接待相关事宜时，分角色扮演与相关部门及人员沟通联系。

（3）情景模拟法：模拟地陪导游在主要接站点（火车站、机场、码头等）的迎接服务。

五、实训内容与步骤

（一）实训内容

1. 旅游接待计划的设计

每组按要求设计一份旅游接待计划，内容应包括：旅游计划签发单位（即组团社）、联络人姓名及电话号码；客源地组团社名称、旅游团名称、代号、电脑序号、国别、语言、收费标准（豪华团、标准团、经济团）和领队姓名；组成人员的情况：人数、性别、姓名、职业、宗教信仰；全程旅游线路、入出境地点；所乘交通工具情况：抵离本地时所乘飞机（火车、码头）名称；交通票据情况：该团去下一站的交通票是否按计划订妥，有无变更以及更改后的落实情况；有无特殊要求等信息。

2. 落实旅游团队接待的相关事宜

（1）落实时间要求：旅游团队抵达前一天。

（2）落实工作内容：交通（旅游车辆及司机师傅的相关信息）、食宿（所住饭店的名称、位置、概况、服务设施和服务项目，日程表上安排的每一次用餐的情况）、行李运输（是否配备行李车）等。

（3）其他工作（与全陪联系、景点知识扩充）。

3. 旅游团队接待前的各项准备

（1）物质准备：①领取必要的票证和表格（门票结算单、旅游团餐饮结算单等结算凭证，游客意见反馈表等）；②备齐上团必备的证件和物品（导游胸牌、导游资格证、旅游接待计划、导游旗、接站牌、旅行车标志等）。

（2）形象准备：仪容、仪表方面，如服饰、发型和化妆等的准备。

（3）心理准备：①准备面临艰苦复杂的工作；②准备承受抱怨和投诉。

（4）知识准备：根据旅游团的计划和旅游团的性质及特点准备相应的知识。

4. 旅游团队迎接服务

（1）游客抵达前的服务准备：①时间要求：接团当天。②内容要求：落实旅游团所乘交通工具抵达的准确时间；与司机商定出发时间及停车位置；再次核实该团所乘交通工具抵达的准确时间；与行李员联系。③按旅游团队所乘交通工具到达的准确时间，与旅游车提前半小时抵达接站地点，并再次核实旅游团队抵达的准确时间。

（2）游客抵达时的服务：导游员在旅游团出站前，持本社导游旗或接站牌，站立在出站口醒目的位置迎接旅游团。

（3）游客抵达后的服务：再次核实团队信息，预防错接；行李集中清点后交行李员；集合登车，并清点人数。

（二）实训步骤

1. 课前准备

要求：课前认真自学旅游接待计划的格式与组成内容，根据有关资料，分组设计旅游团的服务项目和服务要求，设计旅游接待计划。内容包括旅游团队的基本情况和安排活动日程等内容。

2. 课堂角色模拟

模拟内容：根据旅游接待计划，落实旅游团队接待的相关事宜。

（1）分角色扮演地陪导游人员、全陪导游人员、交通运输部门信息查询员、酒店销售部或总服务台或前台服务员、餐厅服务接待员、旅游车司机、行李员、景区服务热线等。根据本组设计的旅游接待计划的服务项目和服务要求等进行信息沟通，落实接待事宜。

（2）在模拟中要能体现导游迎接旅游团队前准备工作的各项内容。

3. 课堂情景模拟

分组进行接站服务模拟及迎接服务中突发问题的应急处理。分别模拟火车站、机场、码头等不同接站点的接站服务，应涉及游客抵达前、抵达时、抵达后的服务内容。熟练操作认找团队的程序和掌握认找不同类型团队的技巧。

4. 实训后的总结

（1）对他人设计的旅游接待计划的相关要点做记录。

（2）角色扮演和情景模拟中，同学按导游服务质量标准中的服务规范相互点评。

（3）根据考核要点，由教师评分（占 60%）和同学评分（占 40%）评选出最佳旅游接待计划的设计、情景模拟和角色模拟最佳小组。

六、实训考核

（一）考核要点

1. 旅游接待计划

格式规范，内容具体，应包括旅游团的基本信息；旅游团员的基本情况；全程旅游路线；所乘交通工具情况；海外旅游团的入出境地点；交通票据的情况；特殊要求和注意事项等。（15 分）

2. 服务规范

（1）能按旅游团的服务项目和要求，记录旅游接待计划中的相关要点。（5 分）

（2）应核实的旅游接待事宜：旅游车的基本情况（司机师傅的姓名、车号、联系电话）；饭店入住信息（该团游客所住房间的数目、级别、用房时间是否与旅游接待计划相符合，房费内是否含早餐等，并向饭店提供该团抵达饭店时间）；各有关餐厅的用餐信息（确认该团日程表上安排的每一次用餐的情况，其中包括：日期、团号、用餐人数、餐饮标准、特殊要求等）；行李运送服务（如安排了行李员，地陪应提前与行李服务的车辆和人员联络，使其了解该团抵达的时间、地点、入住饭店信息等）；景区情况（开放时间、最佳游览线路、厕所位置等）等，做到计划时间、时刻表时间、问讯时间的“三核实”。（15 分）

（3）与全陪联系，地陪应和全陪提前约定接团的时间和地点。（5 分）

（4）物质准备评判标准：准备工作证件、物品齐备、相关联系方式（有关接待社各个部门、行李员、车队、餐厅、饭店、剧场、商店、机场、车站等）齐备等；知识准备评判标准：对专业知识应用、新开放的游览点或特殊游览点的知识准备，当前的热门话题、国内外重大新闻、游客可能感兴趣的话题等的准备。（5 分）

（5）迎接服务评判标准。

①旅游团抵达前的核实准备工作，对问讯时间的准确把握。（5 分）

②旅游团抵达时，应在旅游团出站前，持本社导游旗或接站牌站立在出站口醒目

的位置迎接旅游团（接站牌上应写清团名、团号、领队或全陪姓名；接小型旅游团或无领队、无全陪的旅游团时，要写上游客的姓名、单位或客源地）。或主动认找旅游团（从组团社的社旗或游客的人数及其他标志如所戴的旅游帽、所携带的旅行包或上前委婉询问）。应及时与领队、全陪接洽，核实该团的客源地、组团社或交团社的名称、领队及全陪姓名、旅游团人数等。如该团无领队和全陪，应与该团成员逐一核对团员的客源地及团员姓名等。（15 分）

③旅游团抵达后，协助办理行李交接服务，引导游客登车服务，做好提醒服务等。（5 分）

3. 应变能力

详细准确了解旅游团（者）的服务项目和要求的能力；发现信息不符时的应急处理能力；旅游团提前抵达或推迟抵达的处理能力；根据信息主动认找旅游团的能力等。（10 分）

4. 语言表达

表述流畅，沟通顺畅，对关键信息的把握，信息交流技巧的应用；口语表达深入浅出。（10 分）

5. 仪表

着装要符合本地区和本民族的着装习惯，符合导游人员的身份，便于导游服务工作。衣着整洁、整齐、大方、自然，发型符合职业特点，佩戴首饰要适度，不浓妆艳抹。（5 分）

6. 礼仪

在与相关部门接洽时把握好导游人员的电话礼仪规范，使用礼貌用语；接站时，早于规范时间提前抵达，迎接游客；游客抵达后，注意礼貌礼节，主动服务。（5 分）

（二）观察要点

1. 旅游接待计划的观察要点

基本信息详细，行程安排合理，计划切实可行。

2. 服务规范的观察要点

能准确提取有效信息，分清各项事宜的轻重缓急，与各接待单位及人员能顺畅沟通；能按规范程序及要求为游客提供热情的服务，又能为特殊游客提供个性化、人性化服务；服务中能体现细节化特点，如准备工作中，相关票据的填写涉及人数、金额等要用中文大写；旅游车的话筒应事先调试音量，以免发生噪声；多做提醒服务等，时时为游客着想，热情周到地为旅游团服务。

3. 应变能力的观察要点

服务及时、主动、热情、友好；与相关接待部门接洽时，熟悉工作流程；迎接旅游团时，遇突发情况，冷静、沉着，有一定的应急处理能力。

4. 语言表达的观察要点

表达条理清晰，语言逻辑性强；沟通信息重点突出，详略得当；回答提问准确、熟练；善于与人沟通。

5. 仪表的观察要点

自然大方，符合职业特点，便于提供服务，能给人亲近之感，树立良好服务形象。

6. 礼仪的观察要点

接站时，地陪持接站牌或导游旗站立在出站口醒目的位置迎接旅游团；游客抵达后，提醒游客带齐手提行李和随身物品，引导游客前往登车处，恭候在车门旁，协助或搀扶游客上车就座。待游客坐稳后，地陪再检查一下游客放在行李架上的物品是否放稳，礼貌地清点人数（清点游客时，不能用手指指点游客），游客到齐坐稳后请司机开车。地陪在旅游车上开始工作前，要将移动电话调至静音或振动功能上，无紧急事情不能在旅游车上打电话。接团情意手势、指示手势的规范运用等。

七、学生总得分

八、教师评语

教师签名：

年　　月　　日

如何致欢迎词

一、实训目的

（1）了解不同类型导游员所致欢迎词的联系与区别。

（2）熟悉致欢迎词时地点、时机的选择。

（3）掌握导游欢迎词的基本内容及其写作规范；针对不同游客欢迎词的使用技巧。

二、实训课时

（1）理论：1 学时。

（2）实操：3 学时。

三、实训准备

欢迎词、导游旗、话筒、多媒体教学设备等。

四、实训方法

情景模拟法：要求每个同学根据不同场景，模拟地陪导游员在不同接站点（机场、火车站、码头等地）或旅游车上致欢迎词，课前根据所选场景准备好欢迎词，道具、欢迎词的创作风格等可自选。同时，能模拟全陪导游员和景区讲解员致欢迎词。

五、实训内容与步骤

（一）实训内容

1. 欢迎词的创作

（1）按照欢迎词的基本内容和写作规范进行创作。

（2）做到内容简洁、热情亲切、语言自然、针对性强。

（3）根据实际情况进行艺术加工和文采修饰。

2. 模拟地陪导游员在不同场景下致欢迎词

（1）大型旅游车上：从机场（车站、码头）到下榻饭店或景区的转移过程中。

（2）主要接站点：遇到有领导前往迎接或在机场逗留时间较长或旅游团人数较多不能保证每辆车上都有陪同时，在机场（车站、码头）致欢迎词。

3. 模拟全陪导游员、景区景点讲解员致欢迎词

（1）模拟全陪导游员在首站与游客见面时致欢迎词。

（2）模拟景区讲解员在景区入口处首次与游客见面致欢迎词。

（二）实训步骤

1. 课前按要求进行欢迎词的创作

（1）注意地陪导游员、全陪导游员和景区讲解员首次旅游接待时的欢迎词区别。

（2）注意汲取一些谚语、名言，如“有朋自远方来，不亦乐乎”“千年修得同船渡”“有缘千里来相会”“世界像部书，现在您在我们这里旅行，让我们共同读好中国的这一页”。

（3）注意口语化的表达，体现新意和吸引力，能吸引游客注意力，给游客留下深刻印象。

2. 课堂上以情景模拟为主

（1）模拟地陪导游员代表地接社和司陪人员致欢迎词。

（2）模拟全陪导游员代表组团社和个人向旅游团致欢迎词。内容应包括：自我介绍、表示欢迎、提供热情服务的真诚愿望、预祝旅行顺利等。

（3）模拟景区讲解员代表景区向旅游团致欢迎词。

3. 模拟结束后，同学间相互评价

（1）在教师提问的引导下，同学间互评不同风格欢迎词的效果及应用场景的选择，相互学习，共同提高。

（2）教师总结创意型、抒情型、平实型、规范式、聊天式、调侃式、安慰式等类型欢迎词的特点及应用。

六、实训考核

（一）考核要点

1. 欢迎词

（1）欢迎词的内容应视旅游团的性质及团队成员的文化水平、职业、年龄、客源地情况及旅游季节等情况而有所不同，不能千篇一律。（10分）

（2）符合基本的写作规范，欢迎词应长短适宜。（10分）

（3）导游员应根据游客的心理、情绪状况及其所在国家的国情、习俗以及导游自己所在城市的名称、司陪人员的姓名等特点，进行一定的艺术加工。（10分）

2. 语言表达

语言表达热情、亲切自然；语调和缓；口吻随意，以消除游客的“陌生感”；表达要有逻辑性和层次感；音量大小适度、音调高低有序、语速快慢相宜。（20分）

3. 欢迎词规范

欢迎词至少应包括：①问候语（向游客表示问候）；②欢迎语（代表旅游地、旅游地居民、所在旅行社及司陪人员表示欢迎）；③介绍语（介绍所在旅行社、导游员自己和司机）；④希望语（代表导游员自己和司机表达将为此次旅游服务提供热忱服务）；⑤祝愿语（对本次旅行活动顺利进行的良好祝愿）。欢迎词的讲解控制在5分钟左右。地陪导游员代表接待旅行社和旅游接待地、全陪导游员代表组团社和景区讲解员代表所在景区表示欢迎。（20分）

4. 应变能力

能独立创作欢迎词；能根据游客的群体特征对欢迎词进行艺术性再加工；能吸引

游客注意力并留下较好的“第一印象”。（10分）

5. 仪容仪表

仪容仪表符合导游人员的着装要求，衣着要整洁、整齐、大方、自然，佩戴首饰要适度，不浓妆艳抹，既要方便导游工作的进行，又能给游客留下热情、干净、利落的良好形象。（10分）

6. 礼仪

对称谓语的使用符合礼仪规范；站姿、手势语、目光语等符合旅游礼仪规范。（10分）

（二）观察要点

1. 欢迎词的观察要点

用词恰当，言语要符合导游员的身份，给人可信之感；表达生动、有感染力，能让游客感受到司陪人员热情的服务态度；条理清晰，详略得当；讲解技巧运用得当，忌浮夸做作；针对性强。

2. 语言表达的观察要点

独白式导游语言的使用，表达富有激情，讲解有特点、有新意、有吸引力，能将游客的注意力转移到导游员身上。语气热情亲切，幽默风趣自然，唤起游客宾至如归的情感，拉近与游客的距离，能带动游客的情绪并使其产生情感共鸣。

3. 导游规范的观察要点

欢迎词的创作符合基本构成；在欢迎词基本规范的写作基础上能做适当文采修饰，适当使用谚语、名言，提升欢迎词的内涵与感染力；自我评价时能恰如其分，做到自信、自得，能给游客留下热情、干练的第一印象。

4. 应变能力的观察要点

致欢迎词时掌握时机，等游客适应新环境、情绪稳定后再进行讲解。旅游车上应等游客放好物品、各自归位、安静片刻后开始致欢迎词；主要接站点应等游客初到一地的兴奋稍事平复之后开始致欢迎词。

5. 仪容仪表的观察要点

服饰、发型、化妆等清新自然；仪态大方，头正目平，面带微笑，肩平挺胸，立腰收腹，手臂自然下垂，两膝并拢或分开与肩平。不要两手叉腰或把手插在裤兜里，更不要有怪异的动作。

6. 礼仪的观察要点

若在接站点站立讲解，应双脚稍微分开（两脚距离不超过肩宽），将身体重心放在双脚上，上身挺直，一手持导游旗，一手自然下垂或双手相握置于身前以示“谦恭”或双手置于身后以示“轻松”。若在旅游车内讲解，应注意面对游客，可适当倚靠司机身后的护栏，也可用一只手扶着椅背或护栏致欢迎词。

七、学生总得分

八、教师评语

教师签名：

年　　月　　日

实训项目八

首次沿途导游服务

一、实训目的

（1）了解积极调动游客的情绪方法与技巧。

（2）掌握首站沿途导游的程序和内容。

二、实训课时

（1）理论：1 学时。

（2）实操：3 学时。

三、实训准备

导游词、旅游资源分布图、话筒、多媒体教学设备等。

四、实训方法

情景模拟法：每个同学按课前要求准备首次沿途导游词，自行选择接站地点（火车站或机场），并设计一条从接站地点到下榻饭店或景区的线路，模拟沿途导游讲解。

道具、方式等自选。

五、实训内容与步骤

（一）实训内容

1. 首次沿途导游前

应提前做好首次沿途导游线路的设计及导游词的创作工作，如接入境团，地陪在致完欢迎词后要介绍两国的时差，提醒游客将时间调到北京时间。

2. 沿途导游的内容

（1）介绍旅游地概况。如地理位置、天气条件、历史沿革、人口状况、行政区划、市政建设巨大变化、社会生活、文化传统、民族风情、土特产品等。

（2）沿途风光风情介绍。实训者根据接站点到下榻饭店的线路特点，介绍风光风情，如市容市貌介绍、发展概况及沿途重要建筑物和街道介绍，内容可选择游客感兴趣的，如旅游地的饮食习惯、旅游地的气候及旅游地的土特产品等。

（3）介绍下榻的饭店。在旅游车快到下榻的饭店时，实训者应向游客介绍该团所住饭店的基本情况：饭店的名称、位置、距机场（车站、码头）的距离、星级、规模、主要设施和设备及其使用方法、入住手续及注意事项（如付费品与非付费品、赠品和非赠品的区别）。

（4）宣布当日或次日的活动安排。实训者在与领队或全陪核对商定日程安排之后，应及时向本团游客介绍当日或次日的活动安排，讲清集合时间、地点并请游客记住车牌号码。

3. 调动游客情绪、积极性的方法和技巧

通过沿途直观景物形象、导游语言艺术、组织文娱活动、声像导游等方式激发游客的游兴。

（二）实训步骤

1. 实训准备

课前根据实训要求，设计好旅游团队从接站点到下榻饭店的线路，并根据线路的景物风光特点创作首次沿途讲解导游词。

2. 模拟首次沿途导游服务

创设带团情境，实训者完成导游和游客的角色互换练习，体验游客和导游的心理感受。

3. 对导游角色表现进行评定和反馈

学生对本组的表现分别从整体和个人层面进行归纳和总结，以促进学生之间的互相了解。教师通过课前、课中和课后对学生的整体表现和监督进行总结，指出角色扮演中的优点和创新之处以及需要改进和完善的地方。

六、实训考核

（一）考核要点

1. 沿途导游讲解

线路设计合理，景物取舍得当，内容既能选择代表旅游地的主要建筑、街区、标志性景观进行介绍，又能根据沿途所见穿插当地的社会文化、民风民俗等内容。（20分）

2. 语言表达

普通话标准；语速适中；用词准确、恰当、有分寸；内容有条理，富有逻辑性，表情及其他身体语言运用得当。（20分）

3. 导游规范

熟知并能正确运用导游服务规范，导游服务程序正确、完整。能把握时机，选择游客最感兴趣、最急于了解的事物进行介绍，以满足游客的好奇心和求知欲。（20分）

4. 应变能力

思维敏捷、情绪稳定，考虑问题周到；在有压力的情况下，能够妥善、及时处理突发事件和特殊问题。能显示导游人员的知识、导游技能和工作能力。（20分）

5. 仪容仪表

符合导游人员职业身份，着装便于开展导游服务工作。（10分）

6. 礼仪

言行举止大方，符合导游员礼仪礼貌规范。（10分）

（二）观察要点

1. 沿途导游讲解的观察要点

讲解的内容要简明扼要，语言节奏明快、景物取舍得当，随机应变，见人说人，见景说景，与游客的观赏同步，内容也可选游客感兴趣的，如旅游地的饮食习惯、气候及土特产品等。讲解条理清晰，详略得当。

2. 语言表达的观察要点

讲解方法运用得当；讲解生动、有感染力，回答提问准确、熟练。

3. 导游规范的观察要点

首次沿途导游的内容完整，包括旅游地概况、沿途风光风情、酒店介绍和日程安排说明等，言简意赅，信息准确。沿途景物与游赏同步。多做提醒服务。

4. 应变能力的观察要点

沿途导游贵在灵活，实训者应把握时机、反应敏锐。既能根据工作规范进行讲解，又能调动游客的积极性和兴趣，满足他们的好奇心和求知欲，留下良好的形象。

5. 仪容仪表的观察要点

服饰整齐、清洁，发型美观、整洁、大方，淡妆，妆容自然大方，表情自然。

6. 礼仪的观察要点

主动热情，面带微笑，亲切和蔼，给游客信任感和满足感；讲解时面对游客，可适当倚靠司机身后的护栏，也可用一只手扶着椅背或护栏。手持话筒，斜拿在嘴边，不要靠在嘴边，也不要遮住面部。目光兼顾所有游客，交谈中使用敬语。

七、学生总得分

八、教师评语

教师签名：

年　　月　　日

酒店入住登记服务

一、实训目的

（1）了解酒店入住登记服务的各种注意事项。

（2）掌握照顾游客入住酒店的技能，并能妥善地处理住房时游客个别的要求。

（3）掌握核对商定日程时，可能出现的几种情况及处理措施。

二、实训课时

（1）理论：1 学时。

（2）实操：3 学时。

三、实训准备

旅游接待计划、房卡、多媒体教学设备等。

四、实训方法

情景模拟法：同学分组进行准备，自行设计模拟场景，分角色扮演地陪导游、领队、全陪、饭店前台服务员、游客等，角色、情景、道具、方式等自选。

角色模拟法：模拟地陪、领队和全陪商定和核对日程。

五、实训内容与步骤

（一）实训内容

1. 地陪入住酒店服务程序和工作内容

（1）协助领队和全陪办理住店手续。实训者带领游客抵达饭店后，要协助领队和全陪办理好住店登记手续，请全陪或领队分发住房卡。实训者要掌握全陪、领队和团员的房间号，并将自己的联系方式告诉全陪和领队，以便联系。

（2）介绍饭店设施。安排好房间后，实训者要向游客介绍饭店内的中西餐厅、货币兑换处、娱乐场所、商品部、商务中心、公共洗手间、楼梯、电梯等设施的位置，讲清住店的有关注意事项。

（3）带领旅游团用餐。实训者在游客进入房间之前，要向其介绍饭店的就餐方式、地点、时间及餐饮的有关规定。游客到餐厅用第一餐时，实训者应主动引进，并将该团领队介绍给餐厅经理或主管服务员，告知旅游团的特殊要求（如用餐标准、游客口味、忌食等），向游客介绍有关餐饮规定，祝愿游客用餐愉快。

（4）向全团宣布当日或次日的活动安排。实训者在游客用餐后，向全团宣布当天和第二天的活动安排，集合时间、地点。

（5）照顾行李进房。本团的行李送到饭店后，实训者负责核对行李，督促饭店行李员及时将行李送至游客的房间。

（6）安排好叫早服务。在结束当天活动，离开饭店之前，实训者应和领队、全陪商定第二天的叫早时间，并请领队通知全团，实训者通知饭店总服务台或楼层服务台次日的叫早服务。

（7）协助处理游客入住后的各类问题。游客进入房间后，实训者应在本团游客居住区内停留一段时间，处理临时发生的问题，如打不开房门、房间不符合标准、房间卫生差、设施不全或损坏、卫生设备无法使用、行李错投等。有时还可能出现游客调换房间等要求，实训者要协助饭店有关部门处理此类问题。

2. 与领队、全陪核对商定日程

（1）原则：在商谈时应遵循合理而可能的原则调整安排，涉及费用问题时要注意艺术性，并能对不合理要求做出合理说明和拒绝。

（2）核对商定日程时间和地点的选择。在旅游团抵达后，地陪应抓紧时间尽早进行核对、商定日程的工作。如果团队抵达后是直接去游览点的，核对商定团队行程的时间、地点一般可选择在机场或行车途中；如果团队先下榻饭店，一般可选择在饭店入住手续安排好后的一个时间，地点宜在公共场所，如饭店大厅等。

（3）将商定结果通知全团旅游者。与领队、全陪核对、商定完以后，将商定结果通知全体游客。

（4）核对商定日程时，可能出现的几种情况及处理措施。

①提出小的修改意见或增加新的游览项目时。处理措施：及时向旅行社有关部门反映，对“合理又可能”满足的项目，应尽力予以安排；需要加收费用的项目，实训者要事先向领队或游客讲明，按有关规定收取费用；对确有困难而无法满足的要求，实训者要详细解释、耐心说服。

②提出的要求与原日程不符且又涉及接待规格时。处理措施：一般应予婉言拒绝，并说明我方不便单方面不执行合同；如确有特殊理由，并且由领队提出时，实训者必须请示旅行社有关部门，视情况而定。

③领队（或全陪）手中的旅行计划与实训者的接待计划有部分出入时。处理措施：要及时报告旅行社，查明原因，分清责任；若是接待方的责任，实训者应实事求是地说明情况，并向领队和全体游客赔礼道歉。

（二）实训步骤

（1）准备好实训所需的物品，交代实训中的注意事项。

（2）模拟地陪酒店入住服务程序和工作内容。

（3）模拟地陪、领队和全陪商定核对旅游日程。

（4）总结酒店入住服务和核对商定日程的注意事项。

①地陪、领队和全陪在酒店入住服务中的工作职权。

②核对商定日程的特殊情况。若无领队和全陪，实训者应与全体游客进行这项工作。

六、实训考核

（一）考核要点

1. 讲解服务

讲解详略得当、灵活；讲解内容具体、全面；因地、因时灵活运用多种讲解方式。（20分）

2. 语言表达

符合导游服务语言规范，能清晰、正确表达。根据服务需要，采用不同风格、类型的导游语言和类语言，恰当使用体态语、表情语。（20分）

3. 导游规范

熟知并能正确运用导游服务规范，导游服务程序正确、完整。（20分）

4. 应变能力

思维敏捷、情绪稳定，考虑问题周到；在有压力的情况下，能够妥善、及时处理突发事件和特殊问题。能显示导游员的工作能力。（20分）

5. 仪表

符合导游人员职业身份，着装便于开展导游服务工作。（10分）

6. 礼仪

言行举止大方，符合导游员礼仪礼貌规范。（10分）

（二）观察要点

1. 讲解服务的观察要点

介绍酒店的基本情况、基本设施清楚，提醒工作到位。

2. 语言表达的观察要点

普通话标准；语速适中；根据所讲内容调整语调；用词准确、恰当、有分寸；内容有条理，富有逻辑性，表情及其他身体语言运用得当。

3. 导游规范的观察要点

在酒店入住服务中，地陪、领队和全陪有不同的工作职责，不能越权；地陪引领、协助、提醒服务规范；核对商定日程的时间与地点的选择；核对商定日程时，特殊情况的处理方法。

4. 应变能力的观察要点

能根据工作规范进行服务，协助游客顺利入住，提高游客的满意度，保障旅游活动顺利进行；当活动日程核定不符时，既能根据基本处理原则解决，又能特殊情况请示解决，打下团结协作共事基础；能处理各种突发情况。

5. 仪表的观察要点

服饰整齐、清洁；发型美观、整洁、大方；化淡妆，妆容自然大方；表情自然。

6. 礼仪的观察要点

尊重协作共事的工作伙伴和相关人员，多用尊称和敬语；核对商定日程时，本着“合理而可能”的原则处理，既要尊重对方，又要守住原则，做必要的解释说明和拒绝。

七、学生总得分

八、教师评语

教师签名：

年　　月　　日

景区景点讲解

一、实训目的

（1）熟练掌握景区景点导游讲解的首要任务。

（2）掌握基本讲解方法的使用技巧，能结合具体景区熟练使用。

二、实训课时

（1）理论：1 学时。

（2）实操：3 学时。

三、实训准备

（1）准备大理著名的旅游景点（图片、视频）。

（2）导游词、多媒体教学设备等。

（3）着正装，准备导游身份标识、扩音器。

四、实训方法

每个同学准备一个景点的导游讲解。道具、方式等自选。

五、实训内容与步骤

（一）实训内容

1. 景区及白族节庆活动讲解

（1）苍山洱海。

苍山又名点苍山，古时称为熊苍山、玷苍山、灵鹫山等。苍山雄峙滇西，是云岭山脉的主峰。苍山十九峰，嵯峨壁立，挺拔峻峭，海拔一般都在3500米以上。苍山顶有洗马塘、黑龙潭等冰积湖，湖水清澈，环境清幽，好似人间的瑶池。每两峰之间，都有一条溪水，下泻东流，形成飞瀑叠泉，最后注入洱海，这是著名的苍山十八溪。

苍山植被丰富，种类繁多，有云杉、松、柏、竹、茶花、杜鹃、兰花等名木花卉，是植物的宝库、花的海洋。高山花卉把苍山装扮得更加秀丽，成了大理重要的旅游资源。现有苍山索道由大理城西通中和峰山腰的中和寺，长达1688米，可游览玉带路，饱览苍洱风光，让人心旷神怡。

洱海又名昆弥川、叶榆泽、西洱河，是云南著名的高原湖泊。形如新月，湖水清澈如镜，景色秀丽，有三岛（金梭岛、玉玑岛、赤文岛）、四洲（青莎鼻洲、大鹳淜洲、鸳鸯洲、马濂洲）、五湖（太湖、莲花湖、星湖、神湖、潴湖）之胜。其中赤文岛俗称“海岛”，是三岛中最大的岛屿，南北长800米，东西宽100多米，高出水面76米，为南诏王的避暑宫所在地，又名舍利水城。洱海内水生植物丰富，适宜于各种鱼、虾及贝类的繁殖生长。洱海水域宽广，烟波浩渺，水天一色，它像一块无瑕的美玉嵌镶在群山怀抱之中，大有“水若恋而缠之，山亦情而垂臂”的意境。

（2）崇圣寺三塔。

位于大理古城西北1公里的苍山应乐峰下，原有崇圣寺，现寺宇已毁，仅存三塔。主塔又名千寻塔，始建于唐代，为密檐式方形空心砖塔，16级，高69.13米；南、北二小塔建于宋代，为密檐式的八角形空心砖塔，10级，均高43米。每层出檐，角往上翘，不用梁柱斗拱等，以轮廓线取得艺术效果。塔通体抹石炭，好似玉柱擎天。三塔布局呈鼎足之势，高耸蓝天，成为大理白族文化的象征，是我国南方壮丽的塔群之一。

1978年维修时出土618件珍贵文物，有佛、菩萨、天王、力士等造像及经卷、塔模、金刚杵、曼陀罗（坛城）、铜镜、铭文、题记等。三塔及其出土文物，为研究南诏、大理国历史、宗教、艺术提供了重要的实物资料。崇圣寺三塔是大理白族文化的象征，有较高的知名度，为全国第一批重点文物保护单位。

（3）蝴蝶泉。

位于大理古城北24公里的苍山云弄峰下。泉水从沙石中夺罅而出，聚在一个40多平方米的水塘内。泉四周镶有大理石栏杆，正中刻有郭沫若题写的“蝴蝶泉”三字。泉水碧绿清澈，四周绿树环抱，有一棵古老的双馨树，俗称“蝴蝶树”，横跨泉上，倒映水中，随着天光树影变化，摇曳多姿，景观变化无穷。每年农历四月十五“蝴蝶会”时，泉周围的绿树丛中，成千上万的蝴蝶飞舞追逐，有的首尾相衔挂于树上，形成蝶泉景观。这里还建有蝴蝶博物馆、观海亭、咏蝶碑、徐霞客石雕像等。大理蝴蝶博物馆是我国著名的蝴蝶标本收藏馆之一，形态各异的蝴蝶使人目不暇顾。

（4）巍山、巍宝山。

巍山古称邪龙，又名蒙化，是历史上著名的南诏国发祥地。唐开元十八年，皮逻阁自称南诏王后，始建都城，在今庙街乡的古城村南及龙于图山存有古城遗址。巍山城内街道井然，房屋建筑保持了明、清棋盘式的布局形制，房屋古朴。城内有蒙阳公园、文华书院、太阳宫、等觉寺、冷泉庵等古群建筑。

巍宝山古称巍山，其山势险峻，层峦叠嶂，风景优美，具有“高耸其巅，万山拱伏”之势。相传，为南诏国始祖细奴逻耕牧之地，山上还有老君打坐石、寻山殿等遗址，被誉为巍山十六景之一，称为“巍宝仙踪”。明清以来，道教盛行，在山上修建了众多的庙宇，成了全真教派在云南的道教名山。巍宝山的庙宇多修建在密林之中，有显有露的建筑手法，体现了“道法自然”的原则。其前山寺庙以殿宇宏大著称，后山则以楼阁险峻而取胜。它以幽美的自然风光、众多的殿宇和神奇的传说而吸引着游人。历代的文人墨客，常到巍宝山饮酒赋诗，这里的一庙、一亭、一阁、一楼均留下不少楹联，其中不乏美词佳句，为巍宝山增添了浓郁的诗情画意，在庙宇中还保存有历代有价值的碑刻、壁画等。每年农历的一月初一至初九，为巍宝山道教的松花会。

（5）剑川石宝山。

石宝山在剑川县南25公里沙溪乡境内，属老君山脉，包括佛顶山、石伞山、石钟山等山峰。这里林木葱郁，石窟成群，庙宇别致，山花遍野，谷幽溪鸣。尤以石窟寺与摩岩造像著称，石窟体现了汉、藏文化的融合，多为佛教密宗造像。造像虽不多，但内容庞杂，雕刻精美，特别是南诏王室的造像，颇具民族地方特色，为我国南方重要的石窟群之一。石宝山有海云居（佛教）、宝相寺（佛、道）与石钟山石窟三个景区，每年农历七月底会在景区内举行盛大的石宝山歌会。

石钟山石窟位于石宝山风景区南部的石钟山上，因有一紫红丹岩的石钟而得名，是南诏、大理国时期白族人民的艺术杰作。石钟山石窟大体可分为石窟寺与摩岩造像两大类，因受印度及西藏密宗教义与四川石窟寺艺术的影响，具有汉、藏文化的特征。出现了一些在北方石窟群罕见的造像，诸如南诏王室人物、多闻天王、大黑天神、八大明王等以及阿嵯耶观音造像等，具有浓厚的云南佛教密宗艺术特色。

石钟寺坐落在群山环抱之中，风景清幽，为石钟山石窟的主要景区。在悬崖绝壁之上雕刻有“南诏王礼佛图”“南诏王异阵图”“地藏菩萨”“华严三圣”“维摩诘讲经”“八大明王”“甘露观音”“阿央白”八窟造像。

狮子关与石钟寺遥相对望，它是一巨大紫丹岩石山，形状像一雄狮在守护石钟山的“石宝”，明翰林李元阳题有“狮子过难关”的石刻。分布有“波斯国人”“梵僧”“南诏王全家福”等造像，这一景区以造像独特、奇石怪岩而著称。

沙登箐在距石钟寺南约 5 公里的金鸡栖山南麓，沿山麓至夹子石的山涧中分布有石窟五窟，窟与窟之间相距较远，多为单佛龛和双佛龛，其间有天启十一年的题记，为石钟山石窟造像最早的一窟，其余的阿嵯耶观音、弥勒佛及二弟子、大黑天神、多闻天王等造像，均刻于沙登箐的岩壁上。

（6）大理古城。

大理是云南古代文化的重要策源地，西汉汉武帝曾在大理设置郡县，历史上著名的南诏、大理国曾在这里建都，是当时云南的政治、经济、文化中心。

如今的大理古城是明洪武十五年在南诏、大理国的都城羊苴咩城西部的旧址上修建的，四门各建有城楼。东门曰通海，南门曰承恩，西门曰苍山，南门曰安远，四隅有角楼。康熙四十年，大理提督偏图将南城门移至双鹤桥前，周长扩大为 12 里。大理城为棋盘式的建筑，部分城墙保存完整，外墙为砖砌，上列雉堞，下环城沟，南、北城楼上，修建巍峨的城楼。现恢复原五华楼和官厢楼，将官厢楼的规模扩大为三层楼阁建筑，更名为“文献楼”，耸立在城南，与南城楼遥遥相对，巍峨壮观。城内从南至北有五条街，从东到西有八条巷，弹石与引马石镶砌的路面，青瓦坡顶的屋舍，“三房一照壁”“四合五天井”的白族民居建筑，店铺、作坊、寺庙、书院、教堂等建筑点缀其间，显得古意盎然。为了适应旅游和城市建设的发展，拓宽了部分道路，新建公园、宾馆等旅游设施，护国路上酒吧、茶楼、餐馆、商店的毗邻，形成一条“洋人街”。

（7）白族节庆活动。

白族是最喜欢热闹的民族之一，一年中各种节日不断。著名的节日有本主节、火把节、绕三灵、朝山会、栽秧会、蝴蝶会、石宝山歌会等，这些节日代代相传，历史远久、民族风情浓郁，热闹异常。

除此以外，白族也和汉族一样，每年农历正月初一至初十过春节，农历七月十五为祭祖节。逢年过节白族有许多礼仪禁忌。元江县的白族每年的三月会或天子庙会期间，禁止杀生。大理的白族大年初一不准动刀、挑水、泼水、扫地。怒江白族大年三十晚饭前祭祖时，忌讳外人在场。大年三十，要把借给别人的东西要回来，否则来年会不顺。因而借了别人家的东西，必须在大年三十之前还给别人。大年初七为女人节，妇女不做饭、不背水，也不做其他任何劳动，而是尽情地玩耍；大年初九为男人节，男人休息。云龙县的白族，七月半这一天不准人们到处乱走。

节庆文化是民族文化的重要组成部分，反映着民族社会、历史的发展轨迹，白族节庆同样如此。白族文化的丰富、博大和多样性，充分体现在这些色彩纷呈的节庆活动中。如宗教性节日朝山会、本主节；与生产关系密切的栽秧会；有的原来是原始崇拜的产物，后来又结合了对祖先、英雄人物的纪念活动发展而来，如火把节；有的是白族先民时期村社生活和婚姻制度的一种遗留，如绕三灵；有的原来是宗教节日，后来演变为经贸交流合作与对外友好往来的节日活动，如三月街。可以说，白族最核心层次的民族文化内容，如语言文字、宗教信仰、道德观念、社会组织、文学艺术等，大多借助节庆的形式得以传承和发展。通过以下几种白族节庆的简单介绍，可以对白族文化有初步的了解。

①本主节。本主是白族特有的宗教信仰，本主节也是白族地区最为普遍的宗教性节日。每个白族村寨一般都有自己的本主。每逢本主的生日，各个村寨都要过本主节，其隆重程度仅次于春节。本主节的主要活动是接本主，就是将本主像从庙里接到村中，届时将系有大红绸缎的本主像请至神轿或神车中，队前有锣鼓开道，后面有歌手对唱白族调，盛装的青年男女打起霸王鞭，老年妇女则诵唱佛经，一路歌舞拜祭，将本主像迎至村中供奉。村中当年结婚的新郎官，争着上前抬本主，以求本主赐福。村中的小孩则在前面嘻嘻哈哈，用彩绳拉动神车，在村中巡游。村中各家各户都在门口摆上香案，恭迎本主銮驾。等到神车到时，各家各户磕头敬献。“莲池会”“洞经会”等宗教组织念经祈福，民间艺人在村中表演“大本曲”等曲艺娱神，附近各村亲友都来道贺。家家户户杀猪宰羊，祭祀本主，款待宾朋，整个村寨欢声笑语、喜气洋洋，洋溢

着节日气息。本主节作为传统的宗教节日，它不仅是白族的一种宗教祭祀活动，而且是白族传统文化传承的重要环节，又是白族民俗的集中展现，成为民族旅游的重要活动之一。

②火把节。火是我国藏缅民族共同的崇拜物，这些民族由此也被称为“火的民族”，由祭火发展而来的火把节就是这些民族共同的节日。白族也是藏缅民族之一，火把节也是白族一年中最重要的节日之一。白族的火把节在每年的农历六月二十五举行，白族男女老少届时要聚集一堂祭祖，并通过拜火把、点火把、耍火把、跳火把等活动，预祝五谷丰登、六畜兴旺。

节日前夕，全村同竖一根高约一二十米的大火把。火把用松树做杆，上捆麦秆、松枝，顶端安一面旗。旗杆用竹竿串联三个纸篾扎成的升斗，意为连升三级。每个升斗四周插着“国泰民安”“风调雨顺”之类字画的小纸旗；升斗下面挂着火把梨、海棠果、花炮、灯具以及五彩旗。火把节的当天中午到祖坟前扫墓、祭奠，白族主妇还要到田间敬献土地神。

太阳落山前，各家提前吃完晚饭，扶老携幼出门观赏火把和跑马。跑马的有大人、有小孩。绕火把跑三圈后，才能向远处驰骋。不跑马的，就挨家挨户欣赏各家门前的火把，看谁家火把精致美观。在全村的大火把点然之前，年轻的媳妇们打着伞，背上新生婴儿在火把下转三圈，以示祛邪得福。等到夜幕降临，村中老人领头献祭品，向大火把叩头。几个勇敢矫健的小伙子，一个接一个地攀上高竖的大火把，将小火把逐人上传以点燃大火把。霎时烈焰腾空，鼓乐齐鸣。人们围着火把，载歌载舞，悠扬的白族调在夜空中回荡。当火把上悬挂升斗的竹杆被烧断时，升斗凌空飞下，人们群起争抢，抢到升斗者被视为有福之人，受到大家的祝贺。

火把节的高潮是耍火把。男女青年、小孩人人手持火把，在夜色中穿梭挥舞。挎包里备有松香，见人就抓出一把松香往火把上撒去。只听“轰”的一响，腾起的火苗燎向对方，白族人称之为“敬上一把”。人们认为火苗可燎去身上的晦气，给人带来吉祥和喜气。接着，青年人成群结队地举着小火把来到田间地头，向火把撒松香粉，给水稻照穗，其意是消除病虫，祈求水稻丰收。午夜前后，把火把堆成一堆堆的篝火，男女青年一个接一个地从篝火来回跨越两三次，祈求火神禳灾祛邪，人人百病不生。最后，男女青年唱歌对调，直至深夜。

火把节的源头，无疑与白族先民的火崇拜有关，但在此后的流传中，白族人民赐予其新的意义。人们传说，火把节是为了纪念南诏时期聪明美丽、不畏强暴、对爱情忠贞不二的柏洁夫人。南诏王用武力和阴谋杀害了邓赕诏主，并欲强娶其妻柏洁夫人。柏洁夫人假装同意，她先认回了自己丈夫的尸首，后跳洱海自尽。传说在她死后，白族人民连夜打着火把去寻找她的遗体。后来白族人每年到了这一天，都要点起火把，纪念柏洁夫人。夜色中，成千上万支火把在苍山洱海之间游动，造成“万朵莲花开海市，一天星斗下人间”的人间胜景，令人如醉如痴。

③绕三灵。绕三灵堪称是白族最富于激情的节日。绕三灵又称绕山林，白语叫“观上览”，即游逛山林的意思。时间为每年农历四月二十三至二十五，届时大理、洱源的白族群众都停下生产，离家沿苍山脚下、洱海之滨尽情游乐歌舞，三日三夜方散。一向温和文雅的白族人，在这三天里尽情挥洒着自己的情感和欢乐，是一个名副其实的“白族狂欢节”。

据史籍记载，绕三灵始于唐代南诏时期，最初是白族先民春日社祭的宗教活动，此后逐渐发展成为娱神娱人的欢庆活动。第一天游乐大理古城城隍庙，第二天从三塔寺起顺苍山山麓游乐到喜洲圣源寺，第三天从圣源寺游乐到海边金圭寺，第四天从金圭寺顺洱海之滨游乐到大理城北马久邑本主庙，然后散去。其中三塔寺（崇圣寺）是大理的佛都，圣源寺处所的本主庙是大理的神都，金圭寺是大理的仙都。参加绕三灵的白族群众白天在5座寺院中都要举行宗教祭祀活动，尤以神都祭祀“中央本主”段宗榜的仪式最为隆重。夜晚则在附近的田野和树林中歌舞狂欢。参加绕三灵的人，少则数千，多至数万。人们一般都以村为单位，由两位盛装的男性长者领头（其中一位装扮成女性），他们一手扶杨柳枝，一手持拂尘或手帕，边走边唱幽默诙谐的“杨柳曲”，一边做着夸张诙谐的动作，后面的队伍有的唱曲，有的跳霸王鞭，热烈欢快。入夜，男女之间对唱情歌，婉转深情的歌声通宵不歇。前人有诗云：“金钱鼓子霸王鞭，双手推敲背转旋。最是小姑歌僰调，声声响入有情天。”生动描写了绕三灵的欢快场景。

绕三灵发展到现代，绕三灵的活动内容有了很多变化。首先是参加绕三灵的人员由昔日中老年男妇居多，发展为白族青少年都参与的一种民族盛会；活动内容由祈求神灵赐子降福和禳灾，发展为集春游、白族歌舞和娱乐为一体的民俗活动；时间减少了一天，减去了四月二十二游城隍庙的活动；白族歌舞除打霸王鞭、唱“花柳曲”和对调子外，还增加了许多传统的白族歌舞表演，形式多样化，使绕三灵更具地方和民族特色。春光明媚的苍山洱海之间，人流如潮，歌声如海，空气中洋溢着春天的激情。白族绕三灵，一个古老而青春的节日，它是白族对春天的礼赞，不愧是白族的生命之歌。

④朝山会。朝山会是白族地区重要的佛教节日。鸡足山是佛教名山，与峨眉、五台、普陀、九华齐名。传说鸡足山是释迦牟尼涅槃后，其大弟子迦叶尊者守衣入定、等待弥勒佛下界之处。每年农历正月初一至十五为朝山会。虽是初春，但鸡足山上已是山花烂漫，春意浓浓。朝山期间，游人和朝拜者络绎不绝，到处欢歌笑语、热闹非常。朝山者每个寺院都要到达，给佛像敬香供果，向寺主捐献功德，以作寺院维修之用。游山朝拜者最后要到鸡足山顶峰——金顶观看日出，尤其是正月十五凌晨观日出者，更是人山人海。极目千里，但见春和景明，令人心胸开阔、精神振奋。春节前结婚的白族新人，也成双成对来朝山还愿，祈求生活幸福、爱情甜蜜。

⑤栽秧会。栽秧会是在栽插水稻最忙的芒种到夏至时节组织的一种与生产相结合、以提高栽插效率的娱乐活动。一般以村为单位，并推举一位德高望重、有组织能力的长者为“秧官”，组织、指导栽插。栽秧第一天要举行“开秧门”仪式。清晨，人们扛着装饰有“升斗”的犬牙形“秧旗”，吹着唢呐，敲着锣鼓，来到田间，插好秧旗，摆上祝愿丰收的果酒，一边分食果酒，一边唱着祈祷丰收的白族调子。之后在秧官的分工、指挥下开始插秧。秧旗下有一支四五人组成的小乐队，乐器以唢呐为主，配以芒锣。吹奏的乐曲有《栽秧调》《蜜蜂过江》《大摆队伍》《龙上天》等唢呐曲调，其间还穿插能说会道的人讲民间故事和唱白族调。秧官敲着铜锣，穿梭于栽秧队伍中频频催栽，检查质量。在欢笑声中，人们忘记了疲劳，干劲倍增。栽秧结束，举行“关秧门”仪式，也称“谢水”，即祭祀感谢水神，祈求水神保佑丰收。最后举行“田家乐”活动。人们扛着秧旗，簇拥着打扮得滑稽可笑的秧官，骑马在村中游行，后边跟着化装成渔、樵、耕、读等角色和打霸王鞭的队伍，在村里表演节目，整个村寨喜气洋洋。将劳动和娱乐结合在一起，体现了白族人对劳动的独特理解和感受。

⑥蝴蝶会。每年农历四月十五在大理蝴蝶泉举行，传说是为了纪念白族男女青年霞郎和雯姑坚贞爱情的一种民俗节日。相传古时候在大理苍山云弄峰麓的蝴蝶泉边住着一户白族人家，一家三口，女儿名叫雯姑，一家靠打柴为生。女儿雯姑和玉局峰的白族青年猎人霞郎结识相爱。后来榆城世袭主榆王仰慕雯姑的美貌，杀死雯姑的双亲，将她抢进宫中欲霸占为姬，雯姑抗拒不从，被关在宫中。霞郎冒死于深夜翻墙入宫救出雯姑，逃到蝴蝶泉边，榆王家的打手也追至蝴蝶泉，霞郎和雯姑无路可逃，就相抱跳入泉中。从泉中飞出一对彩蝶，栖息在蝴蝶泉边的合欢古树上，四面八方的彩蝶飞来朝贺，首尾相连，从树上直垂到泉中，形成奇观。这天是农历四月十五，周围的白

族群众纷纷前来观看，于是就有了一年一度的蝴蝶会。据科学工作者考证，蝴蝶聚会是自然界生物传宗接代的一种自然现象。每年农历四月十五前后，正是蝴蝶泉边合欢古树开花释放花蜜的季节，也是各种蝴蝶交配繁殖后代的时间，它们从各处飞来采花蜜，同时雌雄进行交配，所以才出现这种蝴蝶聚会的奇观。凄婉的传说故事，赋予蝴蝶泉神奇美丽的色彩。自电影《五朵金花》在这里拍摄外景之后，蝴蝶泉名扬四海，成为大理著名的风景名胜。平时游人络绎不绝，到蝴蝶会时，赶会的各族群众更是成千上万。青年男女在此寻找自己的意中人，弹弦吹笙，唱歌对调，在蝴蝶泉山盟海誓，让蝴蝶泉见证真挚的爱情。蝴蝶会，是白族人民对爱的颂歌。

⑦石宝山歌会。每年农历七月的最后三天，剑川、兰坪、洱源、鹤庆、大理、丽江等地的白族群众，成群结队地来到剑川石宝山，欢度石宝山歌会。

石宝山歌会是白族最富于浪漫色彩的节庆活动。成千上万的白族男女，在这里以歌会友、以歌言志，用优美的白族调赞美生活、抒发情感，寻找意中人。在七月流火的季节，这里汇成了沸腾的歌的海洋、歌的世界。

歌会期间，身着白族盛装的男女聚集在石宝山宝相寺旁，弹起三弦，即兴对唱白族民歌，歌的内容多是有关男女爱情方面的。调子时而情深意长，诉说着爱情的坚贞；时而活泼欢快，倾吐着见到心上人的欢欣；时而婉转缠绵，犹如一曲爱的心语；时而高亢激昂，那是爱的誓言。即使是忧郁的调子，也会让人感受到爱的深沉。优美的旋律，让人们体会到白族民歌艺术的无比魅力。

在盛大的歌会上，白天唱了还不够，等到夜幕降临，人们又点起堆堆篝火，这里一群、那里一队，你来我往，继续对唱。有的对唱几天几夜仍意犹未尽，就相约来年再唱。白族的青年男女，也往往在歌会上相识、相知，并定下终身。即使不能终成眷属，一对知心人也会在以后的歌会上年年相约对歌，直到去世。正如一首白族情歌所唱："金山银山会吃光，只有情意记心上。哥哥情深妹意长，拄拐杖相帮。相好好到头发白，相爱爱到牙落光。人生一百情不断，拄拐杖相帮。"爱是人类歌唱的永恒主题，石宝山歌会，本身就是白族一首韵味悠长的爱的诗篇。

⑧大理三月街。"一年一度三月街，四面八方有人来。各族人民齐欢唱，赛马唱歌做买卖。"大理三月街是中国西南地区历史最为悠久、影响最大的传统物资交流盛会，旧称"观音市"，每年农历的三月十五至二十一在大理苍山中和峰下举行。三月街始于唐代永徽间，最早是佛教的讲经庙会，后来逐渐发展成为物资交流盛会。据《白国因由》记载，在南诏时期，观音到此传教，讲授《方广经》，于农历三月初五驾云西去。

此后善男信女年年按时到此聚集，用蔬菜祭观音，后人来此交易，故名“祭观音街”。据相关史料记载，到明代，观音市已发展成为西南地区重要的物资交流中心。明嘉靖《大理府志·市肆》记载：“府观音市，在城西校场，以三月十五日集，至二十日散，十三省商贾咸至，始于唐永徽间，至今不改，以民便故也。”《徐霞客游记·滇游日记》中也记载：“十三省物无不至，滇中诸彝物亦无不至。”明代全国只设十三省，可见三月街的影响已遍及全国。大理乾隆举人师范有诗：“乌绫帕子凤头鞋，结队相携赶月街。观音石畔烧香去，元祖碑前买货来。”清代白族音乐家李燮羲作《竹枝词》描写三月街说：“昔时繁盛几春秋，百万金钱似水流。川广苏杭精巧货，买卖商场冠亚洲。”民国初年，仍以集市贸易为主，改称三月街，时间不变，“各省及藏缅商贾争集，官署遣戍卒卫之”。三月街期间，省内和省外的各族人民云集而来进行物资交流，以大牲畜、山货药材为大宗，其他各种百货、土特产品琳琅满目，应有尽有。中华人民共和国成立后，为了丰富人民群众的生活，三月街除保留传统的赛马活动之外，还增加了民族文艺汇演和民族体育比赛活动。

1991年1月，根据《中华人民共和国民族区域自治法》，并根据云南省第八届人大常委会议批准，将“三月街”定为大理白族自治州的民族节，时间由6天延至7天（三月十五至二十一）。节日期间，开展各种民族活动。届时身着民族盛装的各族男女群众打着霸王鞭，敲着金钱鼓，载歌载舞欢度民族节日。同时，举办灯展、花展和射弩、秋千、赛马、龙舟、歌舞等活动。古老的三月街已成了增强我国民族团结、荟萃民族文化、扩大经贸交流合作与对外友好往来的盛大节日。

⑨渔潭会。又叫“八月十五街”。每年农历八月十五，大理、洱源一带的白族群众都要到苍山洱海最北端的洱源沙坪去赶渔潭会。渔潭会是大理地区的秋季物资交流会，会期7~8天。会期除农具、渔具及大牲畜交易以外，置办嫁妆也是渔潭会的主要内容。当地白族的婚礼一般集中在腊月，而订婚则在农历八月以前。按当地风俗，男方在订婚之后要先送部分彩礼给女方。因此，人们就在渔潭会上置办彩礼，如柜子、玉镯、服装、刺绣品等。久而久之，嫁妆交易成了渔潭会的主要内容，渔潭会也被称为“嫁妆会”。白族传说，观音菩萨吩咐人们在此交易渔具，以困住为害百姓的鱼精，久而久之发展成了渔潭会。现在，渔潭会已经发展成为大理仅次于三月街的地区性物资交易集市。因时逢中秋团圆节，又以置办嫁妆为主，渔潭会洋溢着“月圆人更圆”的浪漫和温馨，是白族人民幸福生活的缩影。

⑩葛根会。农历正月初五，大理城及附近村寨的白族群众纷纷走出家门，游览崇圣

寺。崇圣寺内游人如织，美味食品、地方特产琳琅满目。其中，当地白族群众出售的一种“葛根”的特产，最受游人的欢迎。“葛根会”因此得名。民国《大理县志稿》记载：“初五日，城西北三塔寺，游人如蚁，流连胜景，徜徉登眺，襟抱豁然。有卖春酒、烧猪肉、生螺蛳、凉米线供人啖。醉饱与薄片葛根者，故俗称‘葛根会’。”葛根是一种藤本植物的根茎，含有大豆黄酮、淀粉、异黄、葛素等成分，有消食健胃之功效，为大理地区的传统药材。初春的大理，已是一片桃红柳绿，人们过“葛根会”，就是走出家门、感受苍洱之间春天的气息。因此，葛根会实际上就是探春之会、迎春之会。

2. 导游讲解常用方法

（1）分段讲解法：①将大景区分为前后衔接的部分，边走边讲。②一般按景区原有的结构分段。

（2）突出重点法：①找出该景区的代表性景观。②找出与其他类似景点不同之处。

（3）虚实结合法：将典故、传说与景物介绍有机结合，即编织情节的导游讲解手法。

（4）问答法：导游员向旅游者提问或回答游客提问，从而活跃气氛，激发想象，促进游客与导游交流的导游方法。

（5）触景生情法：见物生情，借题发挥。

（6）制造悬念法：提出让人感兴趣的话题，但又引而不发的导游讲解方法。

（7）类比法：以熟喻生，达到类比旁通的导游讲解法。

（8）画龙点睛法：用凝练的词语概括所游览景点的独特之处，给游客留下突出印象的导游讲解手法。

（二）实训步骤

（1）观看大理主要的几个景点的视频和图片。

（2）学生随机抽取某个景点，教师示范后，学生进行讲解。

六、实训考核

（一）考核要点

（1）景点讲解：讲解内容流畅自然，有现场感。（30 分）

（2）导游规范：口头表达的运用。（20分）

（3）应变能力：能够灵活运用一些讲解技巧。（30分）

（4）仪容仪表：着装、妆容等规范。（10分）

（5）礼仪：礼貌用语和礼节礼仪规范。（10分）

（二）观察要点

（1）景点讲解的观察要点：讲解内容全面，条理清晰，详略得当；重点突出；讲解方法运用得当；讲解生动、有感染力，回答提问准确、熟练。

（2）导游规范的观察要点：表达手法的运用。

（3）应变能力的观察要点：灵活运用讲解技巧。

（4）仪容仪表的观察要点：得体、自然。

（5）礼仪的观察要点：礼貌用语、言谈举止的礼仪规范。

七、学生总得分

八、教师评语

教师签名：

年 月 日

实训项目十一

导游服务礼仪

一、实训目的

（1）掌握导游迎送礼仪、导游在日常工作应注意的礼仪。

（2）了解导游服务礼仪的基本要求，能结合带团熟练使用。

二、实训课时

（1）理论：1学时。

（2）实操：3学时。

三、实训准备

礼仪实训场地、现场导游训练厅。

四、实训方法

每个同学参与礼仪实训，都要做导游讲解实训。

五、实训内容与步骤

（一）实训内容

导游服务礼仪是指导游从业人员在工作中为保证服务质量所应当遵循的行为规范或准则。

1. 导游服务礼仪的基本要求

（1）在外表上给人以稳重、大方的感觉。

（2）在行动上，要不卑不亢、落落大方，站、坐、行、手势等均要合乎规范，做到端庄稳重、自然亲切、训练有素。

（3）在态度上，要和蔼可亲、热情好客，表情要真切，做到微笑服务。

（4）在语言上，要谈吐文雅、表达得体。讲究语言艺术，正确使用好敬语、谦语、雅语。

（5）在接待礼仪上，待客要彬彬有礼、讲究规格。

2. 仪容仪表

（1）仪表修饰。

①男士仪容的基本要求。

第一，应注意面部的清洁，养成勤洗脸、勤剃须的习惯。

第二，发型对职业男士非常重要。男士应经常注意头发的清洗与整型，可根据自己的脸型选择合适的发型。

第三，养成勤洗澡、勤换内衣的习惯。男士应尽量避免身上有过多的烟味、酒味、汗酸味。

第四，不酗酒、不熬夜，养成早睡早起的好习惯，以使自己在工作中始终保持精神振作、情绪高昂。

第五，指甲常剪常修，皮鞋常亮常光。除领带和手表外，不戴多余饰物。

②女士仪容的基本要求。

第一，要注意面部皮肤的修饰与保养。

第二，应熟悉掌握基本的面部美容化妆知识。女性上岗或参加社交活动前均应化淡妆，浓妆艳抹不适合旅游行业女性的职业特点。

第三，注意头发的护理与保养并养成美发的习惯。

第四，宜端庄、自然，不要太过新潮，更不能珠光宝气、着奇装异服。

③形象的塑造：符合身份；扬长避短；区分场合；遵守常职业着装基本原则。

（2）服务仪态礼仪。

①优雅的形体礼仪规范。

第一，保持高雅站姿、坐姿、行姿、蹲姿、鞠躬、握手、指示、引领等。

第二，有效使用手势语。

第三，正确运用表情、眼神、微笑、身体语言等。

②仪态。

站姿的规范要求具体如下：

一是立正站直。头、颈、身躯和双腿应与地面垂直，身体的重心在两腿之间；双肩水平，两臂自然下垂，握空心掌，或采用体前交叉、体后交叉的握腕式站立。

二是立腰。胸微挺，腹微收，提臀，站直后挺胸收腹才会有挺拔之美。

三是双腿并拢，呈丁字步站立。男士站立时可以将两脚分开与肩同宽，双手垂于体侧，体现出男士的阳刚之美。礼仪迎宾女士穿旗袍时，应面带笑容，双手交叉置于肚脐位置上。

同时，应避免不良站姿：站立时，切忌没精打采或东倒西歪；站立时，双手不可叉在腰间或抱在胸前；不能将身体倚靠在墙上，或倚靠其他物品作为支撑点；不能弓腰驼背，双肩一高一低；不能将手叉在裤袋里，更不要做小动作。

手势是人际沟通时不可或缺的体态语，其规范要求具体如下：

一是用手势介绍某人或指明方向时，应当掌心向上，四指并拢，大拇指张开，以肘关节为轴，前臂自然上抬伸直。

二是用手势与人打招呼、致意、欢呼、告别，要注意将手尽量伸开，要根据场景，控制手势力度的大小、速度的快慢及时间的长短。

眼神交流的具体要求如下：

一是一个良好的交际形象，目光应始终保持坦然、和善。

二是旅游工作者与游客交流时忌用冷漠、狡黠、傲慢、轻视的眼神。

③形体素质训练。

站姿、行姿、坐姿、引位规范，手位指引规范，行礼与鞠躬礼仪、退恭、面部表情、微笑规范训练，接待礼仪情景模拟。从室内的单人与分组训练，讲师逐个纠正，使每个人做到标准化，到室外的集体演练，打造团队的整齐划一，凝聚团队精神。

3. 导游服务礼仪

（1）鞠躬礼。

一是行鞠躬礼时，以髋关节为轴，上身向前向下行礼。

二是在工作岗位上通常行 15°~30° 的鞠躬礼。

（2）引领礼仪可分为：单臂横摆式、双臂横摆式、曲臂式、直臂式、斜臂式、双臂竖摆式。

（3）形体训练。

①欢迎的姿势：保持二位站姿，双眼注视对方，面带微笑，自然亲切地向顾客点头（脸微微向右侧）示意并对顾客说："您好！欢迎光临！"

②指示顾客进门的引导姿势：基本保持二位站姿，左手下垂，右手五指并拢，从腹前抬起，向右横摆到与腰部同高身体右前方，微笑友好地目视顾客，直到顾客走过去，再放下手臂。

③询问的姿势：基本姿势保持二位站姿，双眼注视前方，面带微笑，自然亲切地向顾客点头（脸微微向右侧）示意，并对顾客说："请问，你需要我帮忙吗？"

④指引视线范围内的东西：基本姿势保持二位站姿，将右手由前抬到与肩同宽的位置，手臂伸直。用手掌指引正前方，头不偏，眼与手的方向一致，并对顾客说："×× 在那边不远处。"

⑤引导姿势：基本姿势保持二位站姿，将右手由前横摆到与肩同高的位置，前臂与后臂呈 135° 的弯曲。用手掌（掌心向上）指向顾客要去的方向，身体要侧向来宾，眼睛要兼顾所指方向和来宾。同时对顾客说："请跟我来。"

⑥给来宾递交东西的姿势：基本姿势保持二位站姿，说话的同时双手的前臂抬到与腰同高，后臂自然下垂，说请拿好时手臂前伸，同时身体要做 45° 的鞠躬。同时对顾客说："这是您的 ××，请拿好。"

（4）导游服务用语礼仪要求：提倡"五声十字"，杜绝"四语"。"五声"——来有迎声，去有别声，日常见面有问候声，受到帮助有致谢声，打扰别人有致歉声。"十字"——请、您好、谢谢、再见、对不起。"四语"——不尊重宾客的蔑视语、缺乏耐心的烦躁语、自以为是的否定语、刁难他人的斗气语。

（5）导游在日常工作中应注意的礼仪。

①在带团时，导游员应于出发前 10 分钟到达集合地点；游客上车时，导游员应主

动、恭敬地站立于车门口，欢迎每一位游客，并协助其上下车，待客人上齐后方可上车。

②游客落座后及时清点人数。清点人数时，有条件者可使用计数器清点，亦可用默数或标准点人数法清点，即右手自然垂直向下，以弯曲手指来记数。忌用社旗来回比划，也不能用手拍打客人的肩背部位，更不得用单手手指对游客头部或脸部指指点点。

③在车上作沿途讲解时，导游员站姿要到位、表情自然，与游客保持良好的“视觉交流”，目光应关照全体在场者，以示一视同仁。手持话筒，音量适当，规范讲解。手势力求到位，动作不宜过多，幅度不宜过大。

④到达目的地前，应提前将即将进行的活动安排、集合时间和地点等相关信息明白无误地向全体游客通告，并再次告知旅游车的车牌号码及司机姓名，以方便掉队者的寻找。

⑤带团期间，导游员应随时提醒客人注意行路安全，凡遇难以行走或拐弯之处，应及早提醒客人多加注意，对年老体弱者更应及时提供必要的帮助。导游员的行走速度不宜过急过快，以免游客掉队或走失。

⑥带客游览过程中，导游员应认真组织好客人的活动，做到服务热情、主动、周到。导游员讲解应内容准确、表达流畅、条理清楚、语言生动、手法灵活。此外，还应注意给客人留有摄影时间。

在带团过程中，导游员还应注意的问题如下：

①导游员应将表明自己工作身份的胸牌或胸卡，如导游证或领队证，按有关规定佩戴在上衣胸前指定的位置。

②带团时，导游员应自觉携带旅行社社旗，行进中，左手持旗，举过头顶，保持正直，以便队尾的团友及时跟进。将社旗拖于地面或扛于肩头都是不合乎规范的做法。

③手持话筒讲解时，话筒不应离嘴过近，也不要遮住口部。

④团队离开活动场所之前，应及时提醒游客注意安全，随身携带好自己的贵重物品。

⑤带团购物必须到旅游定点商店，客人下车前，要向客人讲清停留时间和有关购物的注意事项。

⑥讲解时不得吸烟，进入室内公共场所，应将烟掐灭。

⑦带团行走时，不应与人勾肩搭背；候车、等人时不宜蹲歇。

（6）送行工作。

①根据航班、车次的确切时刻，事先和行李组约好提取行李时间，然后告知游客

交接行李时间。提取行李时要分别与游客、行李员就行李件数交接清楚，如果发现有出入应及时查清。

②到达车站、机场后，应首先安排好客人休息。办好手续后，将机票或车票、登机牌、行李卡和有关凭证一并交给全陪导游或领队。

③告别时，应致简单的欢送词。

（二）实训步骤

（1）教师边讲边示范礼仪，学生学习和训练礼仪的基本规范。

（2）观看景点讲解的现场视频，让学生把礼仪和景点讲解联系起来进行训练。

六、实训考核

（一）考核要点

1. 景点讲解

学生任选大理州一个旅游景点进行讲解，要求表达流畅。（10分）

2. 导游服务礼仪运用

（1）着装礼仪：要求着着职业装，做到规范、庄重大方。（20分）

（2）仪表礼仪：站姿、走姿正确，手势动作得当。（30分）

（3）讲解服务礼仪：微笑礼仪的运用，注意眼神交流，音调和语调柔和。（40分）

（二）观察要点

（1）景点讲解的观察要点：讲解内容全面、正确且条理清晰、重点突出。

（2）着装礼仪的观察要点：职业着装是否符合规范，制服、配饰与发型能否达到要求。

（3）仪表礼仪的观察要点：言谈举止是否符合礼仪要求，特别是眼神和表情的把控。

（4）讲解服务礼仪的观察要点：在进行讲解时，对声音的把控、礼貌用语的运用和服务礼节的运用是否妥当。

七、学生总得分

八、教师评语

教师签名：

年　　月　　日

附录：

仪表训练检测打分表

考核项目	考核内容		分值	自评	小组评	实得分
站姿	1. 身体各部位的正确姿态	头部、颈部、面部	3			
		两肩、胸部	3			
		腰部、臀部	3			
		手位	3			
		两脚	3			
	2. 不同站姿的展示	垂手式	5			
		握手式	5			
		背手式	5			
	3. 靠墙顶书训练效果（持续 3 分钟）		5			
坐姿	1. 坐姿基本动作要领的展示		10			
	2. 脚的摆放方式（至少四种）		10			
	3. 入座后姿态的整体保持效果		10			
	4. 坐姿入座前、后的其他要求		5			
走姿	1. 身体姿态		5			
	2. 跨步的均匀度		5			
	3. 手位摆动的情况		5			
	4. 根据音乐情景变换步态		5			
	5. 身体与手、脚的协调配合		5			
	6. 动态美感		5			

班级：　　　　　　　　　　　　　　　　　　　姓名：

服务礼仪训练检测打分表

<table>
<tr><th>考核项目</th><th colspan="2">考核内容</th><th>分值</th><th>自评分</th><th>小组评</th><th>实得分</th></tr>
<tr><td rowspan="4">微笑</td><td rowspan="3">三种程度微笑的技巧</td><td>“一度”微笑</td><td>5</td><td></td><td></td><td></td></tr>
<tr><td>“二度”微笑</td><td>5</td><td></td><td></td><td></td></tr>
<tr><td>“三度”微笑</td><td>5</td><td></td><td></td><td></td></tr>
<tr><td colspan="2">展示个人最好的微笑</td><td>15</td><td></td><td></td><td></td></tr>
<tr><td>眼神</td><td colspan="2">不同情景的眼神表现</td><td>30</td><td></td><td></td><td></td></tr>
<tr><td rowspan="5">手势</td><td rowspan="4">常见的几种引导手势演示</td><td>请进</td><td>5</td><td></td><td></td><td></td></tr>
<tr><td>请往高处看</td><td>5</td><td></td><td></td><td></td></tr>
<tr><td>里边请</td><td>5</td><td></td><td></td><td></td></tr>
<tr><td>请坐</td><td>5</td><td></td><td></td><td></td></tr>
<tr><td colspan="2">微笑、眼神与手势的协调表现</td><td>20</td><td></td><td></td><td></td></tr>
</table>

班级：　　　　　　　　　　　　　　　　姓名：

服务礼节训练检测打分表

<table>
<tr><th>考核项目</th><th>考核内容</th><th>分值</th><th>自评分</th><th>小组评</th><th>实得分</th></tr>
<tr><td rowspan="2">握手礼</td><td>握手动作准确、自然大方</td><td>10</td><td></td><td></td><td></td></tr>
<tr><td>注重礼仪规范</td><td>10</td><td></td><td></td><td></td></tr>
<tr><td rowspan="2">鞠躬礼</td><td>鞠躬礼动作规范</td><td>10</td><td></td><td></td><td></td></tr>
<tr><td>微笑、眼神、语言的和谐</td><td>10</td><td></td><td></td><td></td></tr>
<tr><td rowspan="2">介绍</td><td>仪态端正、手势正确</td><td>10</td><td></td><td></td><td></td></tr>
<tr><td>介绍的次序、原则运用准确</td><td>10</td><td></td><td></td><td></td></tr>
<tr><td rowspan="2">递、接名片</td><td>递、接动作准确</td><td>10</td><td></td><td></td><td></td></tr>
<tr><td>注重礼仪规范</td><td>10</td><td></td><td></td><td></td></tr>
<tr><td>综合表现</td><td>以上四种礼节的综合运用</td><td>20</td><td></td><td></td><td></td></tr>
</table>

班级：　　　　　　　　　　　　　　　　姓名：

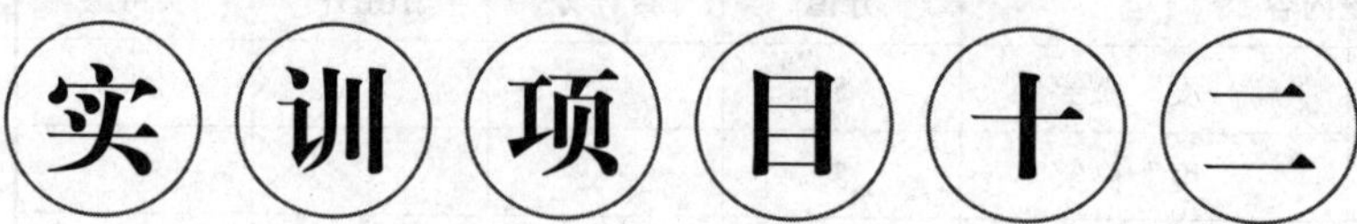

导游服务语言技能

一、实训目的

（1）了解导游服务语言的基本技能。

（2）结合具体景点熟练使用服务语言。

二、实训课时

（1）理论：1 学时。

（2）实操：3 学时。

三、实训准备

收集准备绕口令、诗歌、散文、导游词以及景点图片，准备多媒体教学设备等。

四、实训方法

绕口令训练、朗诵训练、演讲训练，每个同学准备一篇导游词。

五、实训内容与步骤

（一）实训内容

1. 导游语言的职业特点

（1）态度、表情、姿势。

①态度诚恳、亲切。要能够做到耐心的倾听、细致而全面的解答、和颜悦色的面部表情、清晰悦耳的声音。

②表情自然、大方。与宾客保持一米左右的距离，目光始终正视客人，但不盯视。

③姿势应大方、得体。站立时不要东倒西歪或倚靠，更不能将手抱在胸前、揣在裤兜里。

（2）广泛运用礼貌用语。

①敬语。敬语是表示尊敬、恭敬的习惯用语。与宾客交流时，常常以“请”字开头、“谢谢”收尾，“对不起”常挂嘴边。称呼客人须用尊称。

②谦语。谦语作为礼貌用语的一种，在旅游接待服务行业应用相当广泛。它是向人们表示谦恭和自谦的一种词语。

③雅语一种比较含蓄、委婉的表达方式。在旅游接待与服务工作中，往往用于那些在公众场合或社交活动中需要避讳的情况。

2. 口才与旅游职业素养

语言是人际沟通的媒介、交际的主要工具，在绝大多数情况下，交际是通过口语来实现的。所以，成功的人际沟通与交往，需要交际者具有较强的口头表达能力，即口才。

（1）口才的内容。口才是一个人说话的智慧和才能，是一个人在交谈、辩论、演讲时，通过综合自己的思想、品德、思维、记忆、应变等能力和经验，从而娴熟地表情达意的口语表达能力。

（2）良好口才的素质要求。

①观察力。一个人想要具备良好的口才，必须具备对客观事物有较强的反应能力。

②思维力。即对观察到的情况进行分析、判断的能力。

③记忆能力。良好的口才要求谈话者掌握大量的语言材料，并在短时间内根据谈

话内容对语言材料合理地组织、恰当地运用。

④语言的综合运用能力。语言的综合运用能力包括三个方面，即良好的表达能力、表现能力和表演能力。

（3）培养良好口才的途径。

①丰富的个人情感的培养。想要自己具备良好的口才，应先从培养个人丰富的情感入手，从内心深处激发个人强烈的自我表达的欲望和人际沟通与交往的热情。

②丰富的知识积累。良好的口才，依赖于丰富而广博的知识积累，语言功底来自丰富的知识积累。

③积极的语言实际锻炼。语言表达是一种能力，能力的获得离不开实际的锻炼。语言的实践，很重要的一点就是要勤讲多练。

3. 导游语言的基本要求

语言是交往的工具，是沟通人与人之间思想情感的桥梁。导游语言是导游人员与游客交流思想感情、指导游览、进行讲解、传播文化时使用的一种具有丰富表达能力、生动形象的口头语言。要提高导游的语言技能，首先得提高导游的语言修养。

（1）培养具有明确目标意识的语言表达能力。

①用征询语，语气上是商量式的方式，以唤起对方倾听的意愿。

②寻找切入正式话题的时机，交谈时注意观察听话者的表情。

③交谈要做到主题明确、言简意赅。

（2）要培养渗透情感的语言驾驭能力。

①学会倾听。

②在语言交流中须渗透自我情感。

③应尽可能取得宾客的好感。要赢得宾客对你的好感，应注意以下问题：

第一，尽量陈述事实，不对事实妄加评论，更不要滥下结论。

第二，和颜悦色，融情于理，以情感人，以理服人，尽量唤起听者的共鸣。

第三，诚恳、坦率，敢于承认说错了的话，并坦诚地向听者致歉。

第四，语言交流应尽量做到内容丰富。

第五，谈话者要有幽默感，尤其在较为轻松的社交场合，严肃的话题辅之以适当的幽默语，往往会收到意想不到的谈话效果。

（3）导游语言基本要求。

第一，导游语言的准确性。准确性是指导游人员的语言必须以客观实际为依据，即在遣词造句、叙事上要以事实为基础，准确地反映客观实际。

①语音正确、清晰。语音即说话的声音，无论导游人员使用的是普通话、少数民族语言还是外语，讲话时一要发音标准，二要口齿清晰。二者关系到信息传递的效果，所以，导游人员在讲话时应尽量避免地方口音的影响。

②了解和熟悉所讲、所谈事物。如果导游人员对所讲内容不了解，很难将所讲内容表达清楚，更谈不上语言的流畅和优美了。

③内容要有根据，正确无误。导游讲解内容必须符合客观实际，以史实为基础，以科学为依据，切忌胡编乱造、信口开河、张冠李戴。即使是神话传说，也应有所本源，与景观有密切联系。

④遣词造句要准确、词语组合搭配要适当。导游语言要在选择恰当词汇的基础上，按照语法规律和语言习惯进行有机组合和搭配。如果词语用法不当，组合搭配不好，会使信息失真。

第二，导游语言的通俗性。通俗是指语言的大众化，即浅显易懂，适合于一般人的水平和需要。导游讲解中，要将书面形式的导游词变换成口头语言表达出来，这也是一种艺术，同时应做到：避免口语短句化；避免使用冷僻、晦涩的词语；充分考虑文化差异。

第三，导游语言的逻辑性。导游的思维符合逻辑习惯，语言保持连贯，语言表达要有层次感。

第四，导游语言的生动性。生动形象、妙趣横生、幽默诙谐、发人深省的导游语言不仅能引人入胜，而且会起到情景交融的作用。要使口语表达生动形象，要善于运用以下修辞手法。

①使抽象事物形象化的比喻。如“土家族姑娘山歌唱得特别好，她们的歌声就像百灵鸟的声音一样优美动听”。

②使自然景物形象化的比喻。如“如果说，云中湖是一把优美的琴，那么，喷雪崖就是一根动听的琴弦”。

③使人物形象更加鲜明的比喻。如“屈原的爱国主义精神和《离骚》《九歌》《天问》等伟大的诗篇与日月同辉，千古永垂”。

4. 导游口头语言的基本形式

（1）独白式。导游人员讲解游客倾听的语言传递方式，如欢迎词、欢送词、独白讲解。

（2）对话式。导游人员与一个或以上的游客进行的交谈，如问答、商讨，散客旅游中采用较多。

导游人员：“你们知道武汉最有名的风味小吃是什么吗？”

游　　客：“好象是热干面吧。”

导游人员：“那你们知道热干面的来历吗？”

游　　客：“不太清楚，你能给我们讲讲吗？”

导游人员：“说起热干面，这里还有个有趣的故事呢。30年代初期，汉口长堤街有一个名叫李包的人，在关帝庙一带卖凉粉和汤面。一个夏天的晚上，李包还剩下许多面没卖完……”

5. 旅游从业人员语言规范

旅游行业用语的礼貌性，主要表现在敬语的使用上。敬语包括尊敬语、谦让语和郑重语三个方面的基本内容。

（1）尊敬语。尊敬语在旅游接待服务中的“五声”要求中体现得较为明显。“五声”即来有迎声，去有别声，日常见面有问候声，受到帮助有致谢声，打扰别人有致歉声。

（2）谦让语。谦让语是指说话者利用自谦，直接地对听者表示敬意的语言。谦让语充分体现了“退让以敬人”的礼仪原则。

（3）郑重语。郑重语是指说话者使用客气、礼貌的语言向听者间接地表示敬意。

6. 导游沟通协调技巧

对于导游人员来说，要做好沟通协调工作，尽可能照顾到各方，不仅要有渊博的学识、规范的服务意识、热忱的服务态度，而且还要掌握一定的服务技巧。

（1）善于洞悉游客心理。一名合格的导游，要圆满完成带团任务，尽可能使每个游客玩得开心、游得满意，应全面详细了解游客的资料，并对他们的旅游动机、心理需求、游览偏好等情况做出大致的预测，从而合理地安排旅游线路等。

（2）善于激发游客的兴趣。一次成功的旅游经历是游客和导游积极互动的结果。游客的兴趣具有多样性和复杂性，同时也具有能动性的特点。在游览过程中，导游要善于变换游客感兴趣的话题，始终以游客的兴趣为前提。

（3）善于调节游客的情绪。情绪是人对于客观事物是否符合本身需要而产生的一种态度和体验，旅游活动中，由于有相当多的不确定因素和不可控制因素随时都会导致计划的变更，而计划的变更可能会引起游客情绪的变动，因此导游应以诚恳、冷静的态度以及幽默、风趣的语言，尽快化解游客不满的情绪。

（4）回答问题技巧。

①原则问题是非分明。客人提出的某些问题涉及一定的原则立场，一定要给予明确的回答。

②诱导否定。对方提出问题以后，不要马上回答，而是先提出一些条件或反问一个问题，诱使对方自我否定，自我放弃原来提出的问题。

③曲语回避。一些客人提出的问题很刁钻，使导游在回答问题时肯定和否定都有漏洞，左右为难，还不如以静制动，或以曲折含蓄的语言予以回避。

（二）实训步骤

第一，讲解导游服务语言运用的基本理论，介绍导游语言的职业特点、旅游从业人员语言规范等。

第二，介绍导游沟通协调技巧。

第三，运用口语训练方法，如绕口令练习、发音练习、语调练习、停顿练习等，渐进式地进行训练。

1. 绕口令练习

练习一：四是四，十是十，十四是十四，四十是四十，十不能说成四，四也不能说成十，假使说错了，就可能误事。

练习二：天上有个日头，地下有块石头，嘴里有个舌头，手上有五个手指头。不管是天上的热日头，地下的硬石头，嘴里的软舌头，手上的手指头，还是热日头、硬石头、软舌头、手指头，反正都是练舌头。

2. 发音练习

（1）练习一：巧读对联。

上联：海水朝　朝　朝　朝　朝　朝　朝落；

下联：浮云长　长　长　长　长　长　长消。

（2）练习二：口语短句化。

目前我国保存最完整、建筑规模最大的颐和园中的德和园大戏楼是比故宫的畅音阁、承德避暑山庄的清音阁两座清宫戏楼还要高大的古戏楼。

颐和园中的德和园大戏楼是清宫三大戏楼之一，它比故宫的畅音阁、承德避暑山庄的清音阁这两座戏楼还要高大，是目前我国保存最完整、建筑规模最大的古戏楼。

3. 语调练习

（1）升调：多表示游客的兴奋、激动、惊叹、疑问等感情状态。

"大家快看，前面就是三峡工程建设工地！"（表示兴奋、激动）

"你也知道我们厦门有个集美学村？"（表示惊叹、疑问）

（2）降调：多表示对游客的肯定、赞许、期待、同情等感情状态。

"我们明天早晨八点准时出发。"（表示肯定）

"希望大家有机会再来厦门，再来鼓浪屿。"（表示期待）

（3）直调：多表示游客的庄严、稳重、平静、冷漠等感情状态。

"这儿的人们都很友好"。（表示平静状态）

"武汉红楼是中华民族推翻帝制、建立共和的历史里程碑。"（表示庄严、稳重）

4. 停顿练习

（1）语义停顿：指导游人员根据语句含义所作的停顿。

例如："武当山是我国著名的道教圣地，/ 是首批国家级重点风景名胜区和世界文化遗产。// 武当山绵亘八百里，/ 奇峰高耸，险崖陡立，/ 谷涧纵横，云雾缭绕。// 武当山共有七十二峰，/ 主峰天柱峰海拔高达 1612 米，/ 犹如擎天巨柱屹立于群峰之巅。// 发源于武当山的武当拳是中国两大拳术流派之一，/ 素有'北宗少林，南尊武当'之称。//"

（2）暗示省略停顿：指导游人员不直接表示肯定或否定，而是用停顿来暗示，让游客自己去判断。

例如："请看，江对面的那座山像不像一只巨龟？ // 黄鹤楼所在的这座山像不像一条长蛇？ // 这就是'龟蛇锁大江'的自然奇观。//"

（3）等待反应停顿：指导游人员先说出令人感兴趣的话，然后故意停顿下来以激起游客的反应。

例如："朋友们，请大家数一数，三塔有多少层？……为什么是偶数层呢？……"

（4）强调语气停顿：指导游人员讲解时，每讲到重要的内容，为了加深游客内心的印象所作的停顿。

例如："黄鹤楼外观为五层建筑，里面实际上有九层，为什么要这样设计呢？"

（5）朗读练习（教师准备，学生自选）。

（6）朗诵练习（教师准备，学生自选）。

（7）演讲练习（教师准备，学生自选）。

（8）导游词练习（教师准备，学生自选）。

六、实训考核

（一）考核要点

（1）声音的运用：高低音的替换、情感声音的运用。（30分）

（2）停顿的技巧：重音、轻音，语气停顿、逻辑停顿、情感停顿的运用。（40分）

（3）书面语与口头语的转换技巧：书面语中标点符号、长句和逻辑、情感转换成口头表达的运用技巧和方法。（20分）

（4）礼貌礼节：着装礼仪、仪表礼仪和服务礼仪展示。（10分）

（二）观察要点

（1）口头表达胆怯的学生的观察要点：能否大声表达，是否怯场，是否需要加大训练的次数。

（2）口头表达发声存在问题的学生的观察要点：侧重训练发声和语调、轻重音的把握。

（3）口头表达情感运用欠缺的学生的观察要点：侧重训练停顿、声调的运用把握。

（4）口头表达能力良好的学生的观察要点：侧重训练导游词讲解、面对面沟通的技巧把握。

七、学生总得分

八、教师评语

教师签名：

年　　月　　日

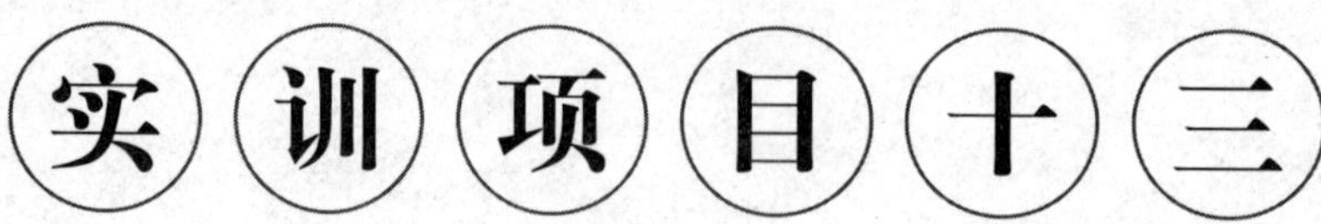

导游人员的带团技能

一、实训目的

（1）了解带团的基本流程。

（2）掌握带团的技能和处理突发事件的技巧。

二、实训课时

（1）理论：1 学时。

（2）实操：3 学时。

三、实训准备

（1）欢迎词、欢送词、景区导览图（图片或电子版）、景区主要线路的准备等。

（2）游客接待的示范教具准备（导游旗、扩音器等）。

（3）学生事先准备组团社名称、旅游团团名、旅游团活动日程表、团队游客意见反馈表等。

四、实训方法

（1）自选一个景点，配合某个景点来做带团训练。

（2）课堂讨论和抢答如何处理突发事件的问题，训练应变能力。

五、实训内容与步骤

（一）实训内容

1. 接团

（1）接团时应注意的事项。

第一，导游应事先准备好供足够旅游团客人乘坐的旅游车，并督促、协助司机清扫车辆，使其保持整洁、干净。

第二，准备好干净、醒目的接团标志，按事先约定的地点准时举牌接站，一旦游客所乘交通工具抵达并确认是自己的团队后，要面带微笑，情绪饱满、热情积极地举起接团标志示意。如果发生接错团或接不到团的情况，对于前者，如果是同社接错应及时告知本社，陪同对换与否由社里决定，若是接错应尽快查访，找回错接外社团，尽快交接，并向游客道歉。对于后者，导游按原定计划准时到达约定地点去接团，可是一直没有接到应接的客人，这时应立即重新确认抵达交通工具和时间，按照计划取消、提前、推迟抵达和中途遇阻四种情况，分别采取相应对策。遇到这种情况要及时请示汇报，不要不上报，也不要自作主张擅自处理。

第三，接团地点。导游员应到机场车站码头迎接预约游客，必须比预定的时间早到等候客人，而绝不能让客人等候。接团导游万一出现漏接情况，应及时补救，如导游按计划赶到机场、车站、码头接团时，该团客人早已在站外等候多时，面对这种意外的失误，不论是导游疏忽未确认班次、车次、抵达时间，还是上站未将变更时间通知本社、导游本人本社内勤未将变更信息通知导游，导游都应该首先向游客赔礼道歉，诚恳接受批评，实事求是地向游客说明情况，不推卸责任，以热情周到的服务赢得信任，纠错补损。

第四，接到游客时。接到客人后应真诚地向客人道一声“各位辛苦了”或“大家辛苦了”，而且要保证在场的全体队员听到亲切问候声，然后主动介绍自己的单位及姓名，如果有比自己职位高的旅行社同事在场，应先把自己的同事介绍给大家。

第五，情况介绍后。情况介绍完毕，迅速引导客人来到早已安排好的旅游车旁，帮助客人将大件或不便随身携带的行李放在行李箱后，招呼客人按次序上车，此时导游员最好站在车门口，微笑并示意客人上车，帮助老人、孩子安全上车，同时随时准备对其他游客提供类似的帮助。

第六，致欢迎词。在全体游客上车、导游确认地面无遗留物后再上车，导游应站在汽车的前部、司机的附近，这样既方便与游客交流，又能随时与司机联系，以处理随时发生的事情。待稍作休息，招呼大家集中精力于自己，致一篇言辞优美、亲切感人的欢迎词。

欢迎词的内容：一篇好的欢迎词首先应有它内容的完整性，通常情况下，包括以下几个部分：向团队客人问好，代表所在接待社、本人及司机欢迎客人光临本地；自我介绍，告知旅客自己的姓名及所属单位；介绍司机；表明自己与司机师傅将密切配合共同做好导游服务工作的态度；祝旅游愉快顺利。

欢迎词的形式：一篇好的欢迎词总是要通过一定的形式将上述信息传达给客人的，至于采取什么样的形式，则可根据实际情况而定，通常有两种形式较为常用。一是风趣式，这种欢迎词的形式比较活泼，目的在于通过欢迎词来增强与游客的情感，制造一种轻松愉快的氛围，缓解游客旅途的疲劳，振奋游客心情。二是简明扼要式，这种欢迎词的形式简洁明快，适宜于时间紧迫、游客长途旅行渴望休息的情况。

第七，前往住地途中。致完欢迎词后注意观察客人的精神状态，如果时间是在白天，客人的精神状态又较好，在前往酒店途中可就沿途街景下塌的饭店等作一些介绍，如果客人较为疲劳，则可让客人休息。

第八，入住饭店。到达饭店后，协助客人登记入住，并借机了解客人情况，同时与领队商讨第二天出游的细节问题，待一切手续办完后，召集客人宣布第二天的游程安排及应注意的问题，如起床时间、出发时间、饭店早上开饭时间等。将每一位游客安排妥贴后，再一次与领队就应注意的问题进行沟通协调。

第九，对游客的走访。和领队一起走访每一个团员所住的房间，向客人问好，询问客人的健康状况，如客人中有身体不适者，应首先表示关心，其次提醒客人不要忘记随身携带药物。如客人需要应想办法为客人提供必要的药物进行预防和治疗，最后与客人告别，祝客人晚安，并将自己的房间号码告诉客人，让客人有事及时联系，表达自己随时为客人提供服务的意愿，记住团员所住房号。导游切忌在没有将全部游客安排妥帖时离开现场。

第十，叫醒服务。如果第二天的活动安排时间较早，应通知总台提供团队客人的叫醒服务。

（2）对重要旅游团队的迎接技能。对于重要的旅游团队，导游人员应更注意服务礼仪。①迎送贵宾时，应事先在机场或车站码头安排贵宾休息室，并准备好饮料、鲜花。②如有条件，在客人到达之前可将饭店客房号码或乘车牌号通知客人。③派专人协助办理出入关手续。④客人抵达前应通知饭店总台，在客人入住的房间内摆上鲜花、水果。⑤宾客抵达住所后，一般不宜马上安排活动，留一些时间让宾客休息更衣。

2. 送客

（1）预订返程车（船、机）票。客人活动结束前，要提前为客人预订好下一站旅游或返回的机（车、船）票，客人乘坐的车厢、船舱尽量集中安排，以利于团队活动的统一协调。

（2）做好送别前的准备工作。为客人送行，应使对方感受到自己的热情、诚恳、礼貌和修养。临别之前应亲切询问客人有无需要自己代为解决的事情，应提醒客人是否有遗漏物品，并及时帮助处理解决。

（3）致一篇情真意切的欢送词。欢送词是带团导游在结束了所有计划安排的景点游程后，在即将与客人告别之时所说的最后一段话。好的欢送词犹如一篇好文章的精彩结尾，会给游客留下长久的回味，为前面的导游讲解工作锦上添花。如果在游程中曾出现过这样或那样的遗憾和不足，也可以通过欢送词再次向客人表示歉意，以宽慰游客。任何不“词”而别或草率收场，都是对游客不礼貌、不负责任的行为。

由于每一个旅行团情况各不相同，欢送词在内容上可以因团而异，但通常包含以下内容：①表示对游客的依依惜别之情。②回顾旅游活动，对游客的配合与支持表示感谢。③诚恳征求游客对接待工作的意见和建议。④如旅游活动中有不顺利或旅游服务中有不尽如人意之处，导游可借此机会再次向游客赔礼道歉，表示歉意。⑤期待下一次重逢，致以美好的祝愿。

欢送词大致可分为抒情式和总结式两种。

一是抒情式。借助抒情语言的感化力，往往能够打动人，使交流双方产生强烈的情感共鸣，导游人员以热情洋溢的语言抒发惜别之情，对巩固和加深与游客相处期间所建立的友情，具有积极的促进作用。

采取抒情式的欢送词应注意以下几点：强调情感真挚，有感而发，倾注个人的真实情感，遣词造句中比喻要恰当，切忌过分夸张，以免使游客产生虚伪之感。

二是总结式。总结式的欢送词情感朴实，主要用叙述性的语言对全程旅游情况做一个简单的回顾，并对游客的配合表示感谢，期待重逢，然后用祝福语收尾。

（4）向客人依依惜别。待游客所乘的火车、汽车、轮船开动或飞机起飞以后再离开。如果有其他事情需要处理，不能等候很长时间，应向客人说明原因并表示歉意。

3. 导游讲解技能

第一，导游讲解服务规范。规范化的讲解服务，包括游前讲解、途中讲解、景点讲解和游后讲解四个阶段。游前讲解只在车上或下车后对景区的总体介绍，时间控制在5~10分钟为宜，途中讲解主要是对沿途的山川景物、名胜古迹、民俗风情加以介绍，以增加途中游兴；景点讲解主要是在游览点结合具体情况而介绍，这是讲解服务的主体；游后讲解是在游程结束后对流程情况的归纳小结，它可引起游客的回味。

导游员在整个过程中要把握好讲解时间，一般来讲导游员讲解时间占整个游程的60%~75% 比较合适，少于 60% 的时间，导游员将不被游客所关注。导游员在讲解的过程中要做到实事求是，尤其对一些专业知识更是如此，知之为知之不知为不知，切不可信口开河。

第二，导游讲解姿态。导游员讲解是直接面对游客的，所以一定要注重讲解姿态。除了在礼仪礼貌、仪容仪表方面高标准严要求以外，导游员还要根据具体情况，灵活调整姿态。如在旅游车上讲解时，应面对游客，站立讲解，而不能背对游客坐着讲解；讲解时目光要巡视全体游客，不可仅注视一两个人，面部表情要亲切自然，姿态端正、优美，使游客如沐春风，给人以落落大方的感觉。

第三，导游讲解语音语调艺术。

①要控制好讲解声音的强弱。导游讲解时可根据游客人数的多少和导游地点周边的环境、讲解内容来调整自己的音量，以使每一个游客都能清楚地听到讲解的内容。

②要控制好讲解的语速。语速是一个人说话时吐字的快慢，比较理想的导游语速应是语速适中、有快有慢、富有变化性。语速较快，游客不宜倾听，语速较慢，不易激起游客的游兴。

③要有富有吸引力的语音停顿。停顿是说话时语音上的间歇或暂时的中断。科学的停顿能突出说话时的节奏感，使说话的节奏显得抑扬顿挫，能更好地、更充沛地表达感情，能激起听众的兴趣，更好地吸引听众。

第四，导游讲解的语言要求。语言是导游员最主要的工具，导游员应尽可能的使自己的语言艺术化、规范化，通过自己深入浅出、形象生动、妙趣横生的介绍来满足旅游者的观赏要求。

（1）导游讲解的选择技巧。

①讲解时机的选择。针对旅游者不同的心理，应选择不同的讲解时机。一般应选择在旅游者最愿意听、气氛最热烈的时机做讲解，即在旅游者对景物想知而不知、最渴望了解时讲解，效果会最好。否则，将适得其反。

②讲解地点的选择。导游员应善于从景观、情趣和环境三方面来选择最佳的讲解地点。有些景观只有在特定的角度才能体现其特征。在选择讲解地点时，还应兼顾到其他旅游者，以不影响其他旅游者的正常参观活动为宜，如不宜在狭长的交通要道、路口及景区入口处讲解，以免阻塞后来的旅游者。

③讲解对象特点的选择。导游员讲解不可能面面俱到，因此针对不同的讲解对象，要选择最具代表性的方面来讲解。

（2）导游员讲解方法技巧。

①顺序型讲解。即按照游前讲解、途中讲解、景点讲解和游后讲解四个阶段的顺序来依次进行的讲解服务。

②交错型讲解。指导游员交错运用纵向和横向的知识对景点进行说明的一种方法。纵向知识是指景物的历史沿革及其涉及的人、事、掌故等，以时间为线索阐释历史的发展演变；横向知识是指景物周围的自然、人文等各方面的特点，以空间范围组织讲解内容。

③重点型讲解。这是一种以重点带一般的讲解方法。如桂林到阳朔的百里画廊，导游员不可能一一讲解，而往往是对形象生动、造型逼真的自然景观进行绘声绘色的重点介绍，这样既有重点，又有一般的介绍，使游客既了解了全面，又对重点印象深刻，效果较好。

④悬念型讲解。是在讲解过程中制造悬念、激起旅游者求知欲望和游兴的一种有效方法，在旅游过程中可起承上启下的作用。

导游在工作中要尽职尽责，不可只游不导，应该充分发挥自己的口才、学识，尽其所能为客人介绍景点。例如，对一些自然景观的行程，导游应对景观的成因从地理学、环境学、气象学、水文学等学科的角度加以解释，这样可以满足游客求知的欲望，使游客对景观的认识从表象上升到更高的层次。

4. 处理突发事件的技能

由于旅游活动有较多的不确定因素，加之涉及需要协调、衔接的部门、环节较多，很难预料在组织游览过程中会发生怎样的突发事件。

（1）对突发事件做到防范于未然。

①根据带团经验做好常规准备。应准备一些常用的药品、针线及日常必需品，将应付突发事件需要联系的电话号码如急救报警、交通票务服务、旅行社负责人、车队调度等部门和有关人员的电话号码随时带在身上。例如，旅游团因遭遇不可抗拒的天灾人祸，需要终止或变更活动日程时，导游应随机应变设法为游客排忧解难；立即报告组团社与地接社，遵照上级指示执行；全陪与地陪通力合作做好后续工作，稳定游客情绪，保持行动统一。

②针对具体团队做好具体准备。根据不同的团队，在带团出游前对游览计划、线路设计、搭乘交通工具、景点停留时间、沿途用餐地点等做出周密细致的安排，并根据以往的带团经验，充分考虑容易出现问题的环节，准备好万一出现问题时所采取的对策及应急措施。

③出发前再次询问客人身体状况。出发前应亲切询问团队客人的身体健康状况，对老年团队成员尤其要细心察看、亲切叮咛。

④抵达目的地提醒客人注意具体事项。抵达景区时，下车前导游要讲清并提醒客人记住旅游车的标志、车号、停车地点、开车时间；在景区示意图前，导游要讲明游览路线所需时间、集合时间和地点等；进行具有潜在危险的活动，如爬山、攀岩、游泳等，一定要特别强调安全问题及有关注意事项。边境游的旅游团，导游在出境前应向游客讲清旅游目的地的风俗习惯及应注意的事项。

⑤发生意外、冷静处理。事件发生以后要沉着冷静，急客人之所急，既要安抚客人、稳定客人情绪，又要快速做出周密的处理方案和步骤，尽量减少事件带来的负面影响。

（2）常见的突发事件及其处置原则。

①误机及其处置原则。

一是违规误机及其处置原则。民航规定乘坐国内航班应提前 90 分钟、国际航班提前 120 分钟到达机场，飞机起飞前 30 分钟，民航停办登机手续，对于违规误机现象，其处理措施有：第一，立即向旅行社领导及有关部门报告请求协助处理。第二，导游和所属旅行社应尽快与机场航运主管部门联系，争取让该团客人尽快改乘后续班机离开本站；也可争取包机或改乘其他交通工具前往下一站。第三，稳定客人情绪，安排好滞留期间的食宿、游览等事宜。第四，及时通知下一站，对活动日程做出相应的调整。第五，向客人赔礼道歉。第六，写出事故报告。说明事故的原因、经过和责任，并承担一定的经济损失，接受政纪处分。

二是因不可抗因素导致误机及其处置原则。不可抗因素是指人力不可克服的因素，它既有自然因素又有人为因素。前者如地震、洪水、大雾，后者如战争、突如其来的恐怖事件、劫机事件等。面对这种情况，误机的处理措施有：第一，随机应变设法为游客排忧解难。第二，立即报告组团社与地接社，遵照上级指示执行。第三，全陪导游与地陪导游通力配合做好后续工作。第四，稳定游客情绪，保持行动统一。

②贵重物品的遗忘及其处置原则。游客由于游程的疲劳及临走时精神上的紧张，极易造成体积小、价值大如金项链等贵重物品的遗忘，而由于时间的关系又无法回去寻找。在这种情况下，导游应该：问清款式、放置地点；通知驻店总台和地接社有关人员协助寻找；根据行程长短安排派人送还，或设法转送能使失主收到遗失物品的下站；送交遗失物品的交通费或邮寄费由失主负担。

③贵重物品的丢失及其处置原则。游客在行程中不慎丢失或贵重物品被盗，如内装现金和信用卡的钱包、护照等，应根据不同情况采取不同的处置手段。

一是物品失窃的处理。针对失窃情况，如果是一般贵重物品，导游应该：第一，详细了解并记录失窃的时间、地点、失物的特征和价值。第二，立即向当地公安部门报案。第三，如侦破未果，由当地社开具证明，并带失主到当地公安部门备案开具失窃证明，以便失主到投保的保险公司理赔。第四，对失主失窃造成的生活不便，提供积极的、必要的帮助。

二是丢失护照的处理。如果丢失了护照，属外国游客在华丢失的，导游应该：第一，协助失主到当地社开具证明。第二，请失主准备照片。第三，协助失主到当地公安局（外国人出入境管理部门）报失，由公安局出具证明。第四，失主本人持公安局证明前往所在国驻华使馆申领补办新护照。第五，领到新护照后，再去当地公安局重新办理签证手续。如果是我国公民出境去国外或到我国港、澳地区旅游，丢失了护照或港、澳通行证，办理手续同上，只不过要去我国驻外使领馆或驻港、澳办事处申请补办新的证照。

④行程中游客突然生病及其处置原则。针对不同情况采取不同措施。例如，盛夏酷暑时有游客突然中暑晕倒，面对这种情况，导游应该：立即将患者移到阴凉通风处，

让其平躺，为其解开衣扣，使其全身放松；用湿凉毛巾为其擦汗，用扇子为其扇风解热，并想办法让其多喝些水，以补充体内消耗的水分；对昏迷不醒的重症患者，要按人中穴、合谷穴进行急救，并就近送往医院救治。

⑤游程中不慎摔伤造成骨折及其处置。对于摔伤的处理：就地取材，用直木棍或竹片等代替夹板，临时捆绑固定受伤部位；如伴有外伤出血，要用纯净水清洁伤口周围附着的沙土和血垢等，并用干净的手帕、长巾等做止血包扎；在转送伤者去医院途中，注意间断放松止血包扎物，以免血管梗阻、肢体坏死；尽快送往医院，不要耽误治疗。

（二）实训步骤

（1）教师讲解带团技能的基本规范和技巧。

（2）课堂讨论实际带团中出现的问题以及处理方法技巧。

（3）配合景点进行讲解和带团技能实训。

六、实训考核

（一）考核要点

1. 致欢迎词、欢送词（景点讲解）

语言表达流畅、有吸引力。（40 分）

2. 带团技能考核

设计带团时的问题，从以下问题中选 6 个问题进行提问，每题 10 分。

（1）游客要求更换更高规格的房间，该如何处理？

（2）游客要求住单人间，应如何处理？

（3）原定的房型被取代，客人不愿住，该如何处理？

（4）游客遇同室人睡觉打鼾要求换房，该怎么办？

（5）部分游客因食用海产品而出现呕吐、腹泻、乏力和昏迷症状，导游应如何处理？

（6）游客要求自己点菜，导游该怎么办？

（7）游客之间闹矛盾提出分餐，导游该怎么办？

（8）游客邀请导游外出品尝风味，该如何处理？

（9）退房时发现客房缺少物品，该怎么办?

（10）游客要求单独用餐，导游应如何处理？

（二）观察要点

（1）致欢迎词、欢送词（景点讲解）的观察要点：讲解方法运用得当，讲解生动、有感染力。

（2）带团技能的观察要点：通过观察学生对带团问题的回答，观察学生是否掌握带团前的准备工作程序、带团中的讲解技能以及带团中处理问题是否灵活、是否具备单独处理突发事件的能力。

七、学生总得分

八、教师评语

教师签名：

年 月 日

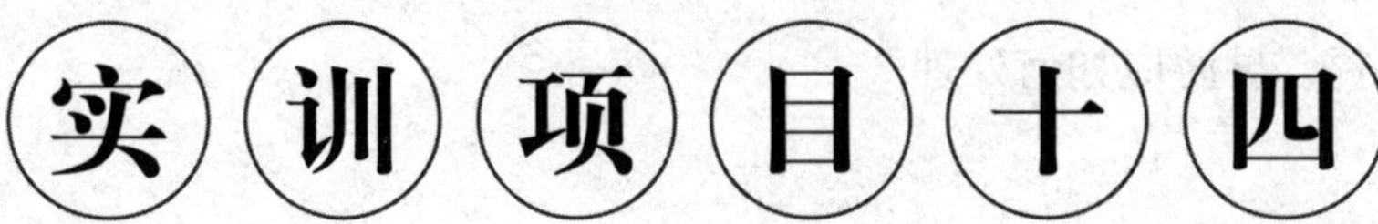

实训项目十四

对游客个别要求的处理

一、实训目的

（1）了解处理游客个别要求的五种基本原则。旅游活动是一个动态的互动过程，游客在旅游过程中会不断产生新的需求和问题。面对游客提出的各种旅游合同之外的特殊要求，导游员既要坚守工作原则，又要尽力满足游客合理而可能的要求。

（2）能结合具体情况正确应用五种基本原则。为了满足游客提出的计划之外合理而可能的要求和提高旅游服务质量，导游员应具体情况具体分析，运用工作原则妥善处理。

二、实训课时

（1）理论：1 学时。

（2）实操：3 学时。

三、实训准备

实际案例、多媒体教学设备等。

四、实训方法

由老师讲解处理游客个别要求的基本原则，由每位同学自己做相关的准备。根据案例情况，由学生创设实际情境，选派学生代表模拟导游员应对游客要求的实际情况，并由老师组织大家进行点评和学习。

五、实训内容与步骤

（一）实训内容

1. 评述处理游客个别要求的五大基本原则

（1）符合法律原则。导游人员在处理游客个别要求时，要符合相关法律的规定。《导游人员管理条例》和《旅行社条例》中明确规定了游客、导游人员、旅行社三者之间的权利和义务。导游员还应该考虑游客的个别要求是否符合我国其他法律的规定，如果一旦涉及违法，导游员必须拒绝。

（2）合理而可能原则。对游客的一切要求都应该以此为重要标准。所谓合理，即合乎道理，不影响大多数游客的权益、不损害国家利益、不损害旅行社和导游人员的合法权益；可能则是指可以能够，指具备满足游客合理要求的条件。虽然在导游服务的过程中，导游员应该尽可能地满足游客需求，但是这一切的前提应该是合理而可能。在旅游过程中，游客提出的要求有的是合理而不可能的，导游员应该耐心解释，说明原因，争取游客的理解；有的是不合理但是可以做到的，导游人员也应该委婉地指出问题所在，说明不能满足其要求的原因，如果涉及违法违纪问题更应该严肃说明相关法律规定，劝阻游客采取错误行为。

（3）公平对待原则。指导游员应该对所有游客一视同仁、平等对待。游客不管来自哪个国家、哪个民族、有着哪种宗教信仰，不管其社会经济地位高低、年老年幼、男性女性，也不管身体是否残疾，都是我们的客人，都是导游员服务的对象。导游员从一开始就要练就不卑不亢、光明磊落的处事风格，无论游客的生活背景是什么，都要诚心诚意地为他们提供服务，满足每个游客的合理要求，做到“一碗水端平”。

（4）尊重游客原则。是指在旅游服务的过程中，导游员要贯彻“尊人尊自己”的信念。导游员在为游客提供导游服务的过程中，做到对游客不卑不亢且尊敬有加，有礼有节且热情周到。

（5）维护尊严原则。导游人员在对待游客的个别要求时，首先要坚决维护祖国的尊严，其次要维护导游员自己的人格尊严。对游客有损国家利益和民族尊严的要求要断然拒绝；对游客提出的侮辱自身人格尊严或违反导游人员职业道德的不合理要求，要明确拒绝。但导游员作为服务的主体，当人格尊严受到侮辱时，要采用灵活委婉的方式保护自己，尽量避免和游客发生正面冲突，以免影响整个旅游活动。游客中有人无理取闹时，导游人员应不卑不亢，冷静处理，做到不伤主人之雅，也不损客人之尊。

2. 实践情景模拟中游客个别要求的处理方法

（1）对游客更改行程要求的处理。旅游计划或活动日程通常在旅游活动开始前已经以旅游协议或合同的形式得到双方确认，通常情况下不应随意变更。但旅游活动往往受到很多不确定因素的影响，甚至会遇到人力不可抗因素，这时候就需要对旅游计划或活动日程进行适当的调整。当旅游团内少数游客提出变更旅游计划或活动日程时，导游人员原则上应该委婉拒绝并按照合同执行原定接待任务，必要时请领队或全陪出面协调；但是当绝大多数游客希望变更旅游计划或活动日程时，导游员应征询领队、全陪的意见，同时将这一情况及时上报旅行社，在此基础上对旅游活动做出相应的调整，但不能影响下一站接待计划，同时对因为变更计划产生的额外费用告知游客，通常由游客自付。

（2）对游客餐饮个别要求的处理。对游客餐饮的个别要求导游员一定要重视，游客吃得好不好、肚子饱不饱，对于后面的行程影响较大。游客餐饮个别要求主要包括特殊饮食要求（清真餐、素餐、不吃辣等）、要求换餐、要求单独用餐、要求在客房内用餐、要求自费品尝当地风味小吃、要求推迟就餐时间等。这些特殊饮食要求一般旅行社能提前告知导游，假如没有的话，导游员在接触客人时就要积极进行询问，对游客的餐饮要求胸中有数，提前跟餐厅联系进行区别对待，若与餐厅协调无果，就请游客谅解，协助游客自点餐或自由处理，提醒游客饮食安全和费用自理。

（3）对游客住房要求的处理。游客对住房的个别要求主要有对住房规格有异议、要求换房间、要求住单间或加床位、购买客房内物品和要求延长住店时间。对于游客在入住酒店后提出的这些要求，导游员要尽力协助游客与酒店进行协调，尽量满足游客的要求，同时强调安全问题和费用自理。

（4）对游客娱乐活动要求的处理。游客娱乐活动的特殊要求主要有要求更换计划内的文娱项目和要求自行参加文娱项目。对于游客要求更换计划内文娱项目的要求，若是全团游客要求调换，导游员应及时与旅行社联系，能调换则协助调换，不能调换则耐心做好游客的解释工作；若是部分游客一定要求调换，则提醒游客交通安全和相关费用自理。对于游客要求自行参加文娱节目，导游员可协助游客买票，但应该提醒游客人身财产安全和费用自理。

（5）对游客购物活动要求的处理。游客购物活动的特殊要求主要有要求单独外出购物、要求退换商品、要求再次前往某商店购物、要求购买古玩或仿古艺术品、要求购买中药材和要求代办托运。对游客有关购物的个别要求导游员应该尽力满足，并且提供协助，必要时可以陪同前往。当游客提出购买艺术品、中药材等特殊商品时，导游员要提醒游客按照国家规定的程序和数量进行购买；对于游客要求导游员代办托运的要求，导游员应该尽量通过商店等第三方协助游客办理，实在推脱不掉，可以通过旅行社来帮助游客托运。

（6）对游客自由活动要求的处理。旅行社在安排旅游线路的时候往往会留有一定的自由活动时间，而且在集体活动的时候也有游客想自由活动。处理这类个别要求，导游员要根据实际情况，灵活处理。时间不充裕的时候，不应该允许游客自行活动；所处环境复杂危险，也要劝阻游客进行自由活动；面对军事禁区等不对外开放的环境，导游员要及时制止游客的自由活动，而且要随时提醒游客注意人身财产安全以及规定的集合时间地点。

（7）对游客转递物品要求的处理。对游客请求转递物品的个别要求，一般情况下导游员应建议游客通过邮局等第三方进行转递。若实在推脱不开，导游员必须牢记以下几点要求：问清何物，寄往何处；要求游客写好委托书，注明物品种类和数量；转递成功后留好收条；涉外转递物品，先请示旅行社再进行处理。

（8）对游客探亲访友要求的处理。游客关于探亲访友的特殊要求主要有要求探视亲友和要求亲友随团一起旅游。对于游客探视亲友的要求，导游员要尽力安排和协调，并且提醒游客注意人身和财产安全。若是涉外游客要求探亲访友，导游员要格外注意游客是否有异常行为，并及时向旅行社汇报。对于游客要求亲友随团活动的要求，首先要征得随团领队和其他游客的同意，其次再向旅行社汇报情况，最后再协助游客亲友办理相关入团手续。

（二）实训步骤

1. 课前准备

教师运用多媒体等方式结合具体案例，为同学们讲解处理游客个别要求的基本原则，将不同情形下的基本处理方法与要点讲授给同学们，让学生自己做好笔记和相关准备。

2. 课堂情景模拟

根据具体的案例情况，由同学们自己创设实际情景，并且模拟导游员带团实际处理游客的特殊要求。根据不同类型的案例，设计 4 次模拟导游员实际处理游客特殊要求的活动。

3. 试训后的总结

活动结束后，由教师组织同学们进行相互点评与学习，教师注意引导和纠正学生的处理程序和方法。

六、实训考核

（一）考核要点

态度端正：处理游客的个别要求是为了减少带团过程中的潜在问题，态度一定要诚恳热心；对答应要做的事情一定要全力以赴做好，实在没做好要诚恳地表达歉意并找机会弥补。（25 分）

沉着应对：无论游客提出什么要求，一定要保证其在合理合法且可实现的原则内；与旅游合同相关的要求要全力满足，与旅游合同不相干的甚至有危险的要求可以视情况予以拒绝。（20 分）

耐心解释：对于无法实现的个别要求，要做好游客的心理抚慰；待游客心绪平复后，要耐心做好解释工作。（20 分）

流利回答：对游客的不合理要求，应该组织好语言做出回答，不要慌乱。（10 分）

合理而可能原则：对游客的个别要求做出判断，有必要的话尽量向旅行社相关人员汇报；在游客的要求是合理而能够实现的前提下，尽量予以满足。（25 分）

（二）观察要点

1. 态度端正的观察要点

礼貌地倾听游客提出的要求，不急不躁。对游客的态度温和有力，尽量多使用敬语。

2. 沉着应对的观察要点

认真思考游客所提出的要求，冷静分析能否满足游客的要求，遇事不要慌乱。

3. 耐心解释的观察要点

耐心地向游客解释不能满足其要求的原因，或者耐心地向游客说明安全和费用问题。

4. 流利回答的观察要点

条理清晰地回答游客所提出的要求，切忌语无伦次、颠三倒四。

5. 合理而可能原则的观察要点

在进行导游服务的过程中，自始至终坚持此项原则。不要随意对游客许诺，也不要拒绝游客合理的要求。

七、学生总得分

八、教师评语

教师签名：

年　　月　　日

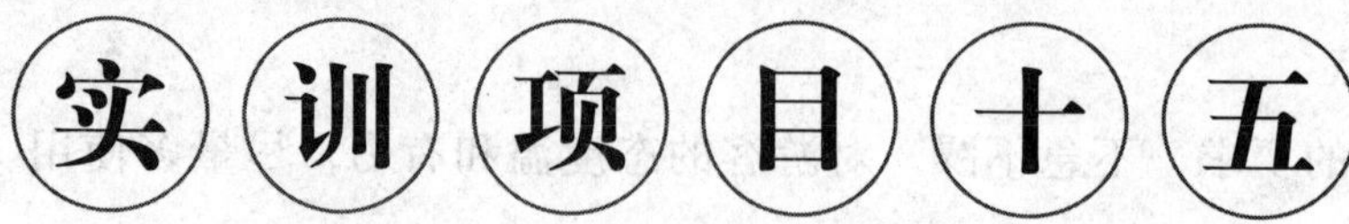

实训项目十五

旅游过程中常见问题与事故的处理

一、实训目的

（1）了解旅游过程中旅游团可能发生的各种问题与事故。旅游者在进行旅游活动中，往往会出现一些突发性的问题与事故。分析这些问题与事故发生的原因，积极做好预防工作，尽量减少事故的发生，这是导游员带团必须学会的技能。

（2）掌握处理常见问题与事故的原则和方法。一旦旅游过程中发生常见问题与事故，导游员要沉着冷静地进行处理，力争将事故的损失和不良影响降到最低限度。作为一名合格的导游员，不仅要具备独立工作的能力，而且要具备处理和解决各种问题与事故的应变能力。

二、实训课时

（1）理论：1 学时。

（2）实操：3 学时。

三、实训准备

具体案例、情境创设、多媒体教学设备等。

四、实训方法

老师介绍具体案例，针对案例中发生问题与事故，每个同学发表自己的见解。根据实际案列创设情景，模拟实际情况进行事故处理。

五、实训内容与步骤

（一）实训内容

1. 旅游计划和日程变更的问题

旅游团在进行参观游览之前，整个行程一般在旅游计划合同中都已经明确规定好了。在之后的旅游活动中，各方都应该严格遵守并认真执行旅游计划。但是旅游活动是一项实践性很强的活动，往往会受到天气、交通等无法预料的客观原因的影响。此时，无论是何种原因引起的变更行程，导游人员都必须认真分析和冷静处理。关于旅游计划变更的问题主要有两种：一是游客主动要求变更行程计划，二是客观原因需要变更旅游计划。对于游客主动要求变更计划行程的问题，一般应婉言拒绝，并及时向旅行社汇报。对于客观原因需要变更计划行程的问题，导游员应该制订应变计划并报告旅行社，同时向游客做好解释工作，争取得到游客的认可和支持。必要的时候，在征得旅行社领导同意后，适当地给予游客一定的物质补偿，比如，加送酒水、赠送小纪念品等。假如变更计划已经确定完成，那应该按照程序组织好旅游活动，如增加或减少游览时间，通知后续旅游活动的餐厅和酒店计划有变等。

2. 漏接、错接、空接、误机（车、船）的问题

漏接事故是指游客抵达接站地点后，无导游员迎接的现象。造成漏接事故发生的原因有很多，如导游员接到了接待计划更改的通知但没有认真掌握已经更改了的接团时间，或者记错了接团的时间、地点，或者导游员迟到；也可能是旅行社的问题，如旅行社没有及时将计划改变的信息通知导游员。处理漏接事故时，导游员要向游客赔礼道歉，设法用实际行动安抚游客、挽回损失；必要的时候，应该请示旅行社酌情给游客一些物质补偿，并由领导出面向游客致歉。错接是指导游员接了本不应该由他来接的旅游团或游客。导致发生错接有客观原因，如旅行社布置的接待任务内容不清楚；

但主要原因在于导游员自己，导游员往往凭经验和印象办事，工作马虎，接团的时候没有问清楚。发生了错接事故，导游员应该采取两步走的处理方法：第一，按照规范的程序接待游客；第二，立刻向旅行社汇报、请示。得到明确指示之后，可以向游客解释。如果错接的旅游团属于同一个旅行社，导游员可以继续接待这个团；如果错接的旅游团属于别的旅行社，要设法尽快交换旅游团。交换时，导游员要当众向游客赔礼道歉，并在以后的行程中设法用实际行动安抚游客、挽回损失。空接是指导游员没有能够接到接待计划中指明的旅游团或游客。导致发生这类事故的原因比较多，如旅游团在行程中遇到天气变化或交通工具故障等原因，不能按时到达，但导游员所在的旅行社未能及时接到对方的通知；或者是导游员看错或记错了时间造成空接。出现空接情况，导游员要立即向旅行社汇报情况、了解原因，并原地等待旅行社的明确指示。如已经证实旅游团短时间内到不了，应及时联系饭店、车队等合作单位，减少因此造成的经济损失。误机（车、船）事故是指由于某些原因或有关工作人员的失误，游客没有按原定航班（车次、船次）离开本站而导致暂时滞留。造成误机事故的原因有很多，如游客出发时间拖延过久、途中遇到交通事故严重堵车、旅游车突发故障、导游员安排日程不当或过紧、导游员将离站时间或地点搞错等。误机（车、船）带来的后果严重，杜绝此类事故的发生关键在预防：一是导游员要认真核实机票（车票船票）的班次、车次、日期、时间及在哪个机场（车站码头）离站等，并提前与旅行社内勤和交通运输部门联系，核实起飞（开车、开船）的时间；二是安排充裕的时间去机场（车站、码头），离开当天不要安排旅游团到地域复杂、偏远的景区参观游览，不要安排到热闹的地方购物或自由活动，以免游客走失，难以准时集合。

3. 交通事故、安全事故、火灾事故、食物中毒

根据《旅游安全管理暂行办法实施细则》第七条的规定，凡涉及游客人身、财物安全的事故均为旅游安全事故。交通事故是旅行过程中发生频率较高的事故，最常见的是汽车事故。影响汽车交通安全的因素有很多，但是必要的预防工作可以降低发生交通事故的概率。这些措施主要包括在行车期间保证司机注意力集中、合理安排游览日程避免造成司机为抢时间赶计划而违章超速行驶、遇天气不好（暴雨、大雪、大雾）时导游人员要主动提醒司机注意安全、提醒司机经常检查车辆、阻止非本车司机开车以及提醒司机不要酒后驾驶等。假如真的发生了交通事故，一般的处理方法是在有条件的情况下立即组织抢救，保护好现场，迅速报警求援，并且告知旅行社实际情况，导游员要在事故现场安抚好游客的情绪，交通事故处理结束后，导游员要写出详细的事故报告。预防安全事故发生的主要措施有入住酒店时提醒游客存好贵重物品、晚上入住酒店时要锁好房门、离开旅游车时候记得带走贵重物品、旅游景区活动中导游员要始终和游客在一起、汽车行驶途中不要让陌生人上车等；发生安全事故后的处理程序和方法是全力保护游客、迅速抢救、立即报警、及时向旅行社汇报、妥善处理后续事宜、写出书面报告等。预防火灾事故发生的主要措施是提醒游客不要携带易燃易爆物品，不要躺在床上吸烟，不乱扔烟头和火种以及提醒游客进入房间后看懂房门上贴的安全转移路线示意图等；发生火灾事故后的处理程序和方法是立即报警，迅速通知领队及全团游客，配合工作人员疏散游客和引导游客进行自救。预防发生食物中毒事故的主要措施是在正规的餐厅就餐，提醒游客不要购买小摊贩的食物，用餐时若发现异常一定要餐厅立即更换饭菜并做出道歉；处理食物中毒事故的程序和方法是立即送往医院抢救，及时报告旅行社等。

4. 证件、钱物、行李丢失

证件、钱物、行李的丢失在旅游活动中时有发生，有时候是因为游客个人疏忽大意，有时候是相关部门和人员的工作失误造成的。发生这类事故往往会给游客的旅游活动造成诸多的不便，给导游员的工作造成不少的麻烦和困难，严重时可能造成旅游活动无法正常进行。导游员在带团过程中，应该多做提醒工作，尽量不要为游客代管证件，每天都做好行李的清点、交接工作。若发生证件、钱物、行李丢失的事故，一般的处理程序和方法是详细了解丢失的情况，找出线索，尽量协助寻找；如果确认丢失，马上报告公安部门和旅行社，并留下游客的联系方式；协助失主办理相关证件的补办，所需费用由游客自理。

5. 游客走失、患病、死亡

游客走失的事故通常发生在参观游览过程中和自由活动期间，事故往往给游客造成心理上的伤害，使游客感到焦虑和恐慌，严重时会影响旅游计划的顺利开展，甚至危害游客生命安全。预防发生游客走失事故的主要措施是及时告知游客旅行社信息、导游员的联系方式、车牌号、酒店名字，及时清点人数，强调集合地点和时间等。处理游客走失事故的程序和方法是一旦发现有人走失，立即寻找；找不到的时候寻求相关部门和人员提供帮助等。出现游客患病和死亡事故时，导游员切忌擅自处置，一定要在第三方的陪同下一起到正规的医疗场所进行处理。处理游客患病、死亡事故的程序和方法主要是及时联系救治机构；立即通知旅行社、送往医院抢救、保存好有关材料、安顿好其他游客和处理好善后事宜。

（二）实训步骤

1. 课前准备

老师利用图片、多媒体等形式为同学们分享案例，让每个同学都思考处理的方法。思考过后，每位同学都将自己的处理方法记录下来，然后分小组一起讨论。

2. 课堂情景模拟

讨论完成后，由学生组织创设模拟情景，挑选学生代表进行处理问题的展示，要求其他同学观摩并进行评议。

3. 试训后的总结

根据观摩和评议的内容，每位同学都对之前的记录做出补充和改进，最终每位同学都要掌握处理此类问题的方法。

六、实训考核

（一）考核要点

1. 沉着冷静

在带团过程中应始终保持头脑清醒，处事沉着冷静、有条不紊；处理各方面关系时要机智、灵活、友好协作；处理突发事件要干净利索，要合情、合理、合法。（30 分）

2. 及时汇报

对带团过程中可能出现的问题做出预判；遇到意外情况不要擅作主张，马上向旅行社相关人员汇报；留心收集相关的证据和证明。（20 分）

3. 及时安抚游客

在带团过程中集中注意力，时刻注意游客的心情变化；准备一些简单幽默的小笑话，随时调动气氛；遇事不要慌乱，根据游客的不同性格进行安抚。（20 分）

4. 灵活应变

不要束缚于惯有的经验和常理，要按照实际情况按程序处理；面对意外和不利的情况，要勇敢面对。（30 分）

（二）观察要点

1. 沉着冷静的观察要点

导游员在无论什么情况下都应该保持镇静，利用自身良好的心理素质给游客带去信心，切忌慌乱急躁。

2. 及时汇报的观察要点

无论大事小事，只要涉及游客的问题都要及时向旅行社反馈，切忌擅自行事。

3. 及时安抚游客的观察要点

导游员在对突发情况做出应对之后，应该第一时间去安抚游客的情绪，保证旅游团的状态在可控范围内。

4. 灵活应变的观察要点

导游员在处理突发事件时，要根据实际情况灵活应变，切忌脱离实际情况按照理论知识去处理突发情况。

七、学生总得分

八、教师评语

教师签名：

年　　月　　日

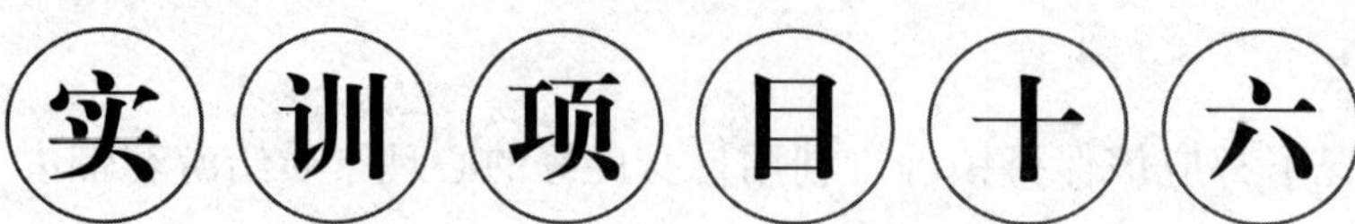

实训项目十六

导游人员的审美艺术

一、实训目的

（1）了解如何识别游客的审美需求与审美动机。美好的事物总是能够引起人们的向往，不同的人往往对于美有着不同的看法。只有认识到游客对于美的需要和看法，导游员才能“对症下药”，为游客提供优质的服务。

（2）掌握对不同景观的审美层次，能够根据实际情况对旅游审美行为进行引导。旅游是一项观光实践活动，旅游的过程中，不仅有各种类型的风景，还有实际生活中的艺术和美。导游员要对不同类型风景的审美有自己的认识，并且在实践中不断提升对美的理解。

二、实训课时

（1）理论：1学时。

（2）实操：3学时。

三、实训准备

不同景观的图片和视频、相关的导游词、多媒体教学设备等。

四、实训方法

欣赏不同景观的视频和图片，每个同学发表各自的看法，由老师讲解不同类型的景观审美特征。根据游客不同的自身条件，由学生创设实际情境，选派学生代表模拟导游员进行审美需求的引导和服务，并由老师组织大家进行互相学习。

五、实训内容与步骤

（一）实训内容

1. 了解游客的审美需求

审美需求是指人们对获得美感的一种愿望，是人们进行旅游活动的内在驱动力。而美感的含义很广泛，一般涵盖审美的各个方面：审美观念、审美情趣、审美理想、审美知觉、审美情感所构成的审美意识系统。而旅游中我们所讲的审美，大多时候是指由具体的审美对象所引起的游客主观心理状态。在旅游过程中，人们暂时脱离熟悉的环境和人际关系，利用有限的时间，在居住地之外的不同空间寻求美的享受。而审美活动就蕴含在这个过程中，游客的审美需求往往表现得比日常生活更加多样、集中、强烈。但是由于时间有限，大多数游客只能做到走马观花，没有机会去深入地观察和感受所看的美景。因此，大多数游客对旅游中的美景感受难免模糊、简单，而导游员要做的就是帮助游客在短时间内对眼前的美景尽可能地深入了解。

2. 识别游客的审美动机

审美动机是指游客审美行为的驱动力，它既来自游客的内在情感，如判断、情趣、心态等；也来自游客的外在条件，如成长经历、社会环境、文化氛围等。在旅游活动中，游客通过置身在与居住地完全不同的空间以及与成长地完全不同的文化氛围中，来满足自身对自然美、艺术美、生活美的感受。但是每个游客的审美动机是不同的，游客之间的审美需求存在差异性。导游员要能够在导游服务的过程中识别不同民族、不同文化背景、不同行为习惯的游客的审美动机。

3. 对游客的旅游审美行为进行引导

（1）掌握不同景观的审美特征。一是自然景观的审美特征，自然景观的美感要素一般包括山体、水体和动植物。山体的数量、规模、组合方式以及空间位置等均可能形成不同的美感；水体景观主要在形态、倒影、声音、色彩、光象、味道、奇特七个方面给人以美感；动植物景观具有装点山水、分割空间、塑造意境等方面的功能。二是人文景观的审美特征，人文景观是指人类所创造的文化，包括历史古迹、各种建筑、城乡风貌、园林艺术等，凝聚着我国古代劳动人民的智慧和创造力。三是文化艺术的审美特征，文化艺术包括书法、绘画、雕塑、工艺品、戏剧、舞蹈、电影等作品。文化艺术常常融于其他类型的旅游资源中，有些是有形的，如书画和匾额；有些是无形的，如诗词和传说。四是社会生活的审美特征，既有对社会主体人的审美，又有对当地生活方式的审美。其中导游员就是最直接的审美对象，其他的饮食文化和民俗民风等都是重要的社会生活审美对象。

（2）对游客的审美进行引导。游客在进行旅游活动时，对他乡的许多东西是不了解或完全陌生的，要欣赏其中的自然美、人文美、艺术美、社会美，需要借助他人的知识和经验。导游员既是游客的审美对象，也是游客审美行为的引导者和调节者。导游员必须结合游客的审美个性，针对不同的审美对象把握适当的时机和方法，引导游客的审美行为，为游客提供优质的旅游服务。导游员要根据游客的审美差异，选择他们可能最感兴趣和最愿意接受的景观，并在实地游览中加以形象生动的讲解，引起观赏者的共鸣。导游员要对游客的审美需求进行引导，而不是将自己的审美趣味强加给游客。导游员要时刻尊重游客的审美习惯，游客往往习惯从自身居住地和本民族习惯去审视旅游目的地的人文景观。在实际导游服务过程中，导游员可以尝试激发游客的想象来增添游客对美的感受。导游员可以运用接近联想、类比联想、对比联想等方法来引导游客对景观进行审美。游客的审美意识和审美动机存在差异，而且在旅游活动的不同阶段有不同的心理变化，导游员带团时要注意游客的心理变化并随之调整自己的服务。游客在面对自然景观时，有融入自然陶冶心情的需要；在游览人文景观时，有了解历史和获取知识的需要。

（二）实训步骤

1. 课前准备

老师展示不同的景观图片和视频，由每个同学发表自己的意见，并将自己对各个景观美妙之处的理解体会记下来。再由老师根据常用的审美意识对大家所记下来的不同景观的审美特征进行讲解，最后每位同学都要形成自己对不同景观的理解。

2. 课堂情景模拟

设定不同类型的旅游场景和游客，选派学生代表进行模拟导游讲解服务，要求学生发挥所学去介绍景观的美和尽可能地引导游客去欣赏美景。

3. 试训后的总结

根据观摩和评议的内容，每位同学对自己引导游客进行审美活动的方案做出补充和改进，最终形成自己处理此类问题的方法和技巧。

六、实训考核

（一）考核要点

1. 游客需求识别

提前做好知识储备，对各地不同的地理风貌、人文风情有了解；根据有限的信息源搜集游客的客源地、年龄段、性别、学历、职业等相关信息；根据搜集到的信息和本身知识储备对游客的旅游动机做出预判；多方面地与游客直接沟通，确认游客的旅游需求和动机。（40 分）

2. 审美取向端正

平时多读相关的书刊，提高审美理论水平；多了解客源地和游客的审美取向，与游客的审美取向尽量一致。（20 分）

3. 表达清晰流畅

勤加练习普通话，提高讲话的流畅度和清晰度；讲话节奏尽量平稳趋向缓慢，稳定自己的心态。（20 分）

4. 遇事灵活应变

导游员职业是工作变故最多的职业之一，切忌做事墨守陈规；平时做事要多动脑筋，尽可能地提高效率。（20 分）

（二）观察要点

1. 游客需求识别的观察要点

在接团前要对游客的来源地和年龄性别进行分析，带团过程中，要通过各种方法多与游客沟通，时刻了解游客的心理动态。

2. 审美取向端正的观察要点

对各种景观的审美特征要有正确的认识，要有积极美好的审美观念。

3. 表达清晰流畅的观察要点

在向游客讲解的时候，要口齿清晰，不急不躁，流畅地表达自己对于美的理解。

4. 遇事灵活应变的观察要点

当对游客的审美需求和动机判断出现偏差的时候，及时更改讲解计划，灵活处理游客的信任危机。

七、学生总得分

八、教师评语

教师签名：

年　　月　　日

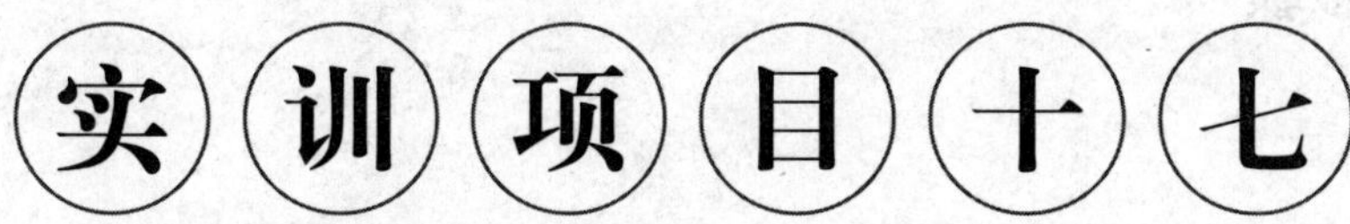

实训项目十七

送站服务

一、实训目的

（1）了解送站服务的主要环节和注意事项。

（2）掌握送站服务时致欢送词的技巧和游客心理调节的方法。

二、实训课时

（1）理论：1学时。

（2）实操：3学时。

三、实训准备

导游词、多媒体教学设备等。

四、实训方法

每个同学做欢送讲解，由老师和其他同学点评。

五、实训内容与步骤

（一）实训内容

1. 了解送站服务的主要环节

（1）准时送达：导游员要特别注意保证游客准时踏上归途，千万不要耽误了游客的宝贵时间。有的时候，游客并不是从饭店出发去飞机场或火车站，而是参观完最后一个景点或是用餐之后，从那里直接踏上归途。面对这种情景，导游员要特别注意提前统筹安排好时间。为此，导游员在做计划的时候，就要提前斟酌好最后一天的接待计划。如果游客是从景点出发去飞机场或火车站，导游员要妥善计算好游览景点以及从景点出发到达飞机场或火车站的时间，既要保证最后一站观光游览的质量，又要保证准时送走游客。如果游客是用餐之后直接离开，导游员对最后一餐的食谱要用心选择，一般来说，此时不宜安排制作比较复杂或耗时较长的菜肴，以免由于用餐超时而影响游客准时踏上归途。导游员还要征询司机的意见，选择那些在关键的时段不易堵车的路段行走，并应提前准备好万一遇到堵车情况的补救办法。

（2）与司机良好协作：导游员与司机的配合要贯穿整个带团工作的全过程。导游员安排送别游客的工作，要和司机做好沟通，要和迎接游客的时候一样认真细致地做准备，尽量把每个细节和可能发生的变故提前想到，提前准备好应急的对策。

（3）填好旅游服务质量评价意见卡：组织游客填好旅游服务质量评价意见卡（以下简称意见卡），是导游员在提供送站服务时要做的一件重要工作。导游员要把意见卡分发给游客，向他们简洁地说明游客填写意见卡的用途和意义，请大家认真填写。要客观地面对自己工作中的优点和缺点，诚恳地征询游客对自己接待服务工作的意见和建议；要尊重和相信游客的观察力和判断力，不必刻意去做诱导或回避的工作。

2. 了解送站服务的注意事项

（1）注意时间。导游员对时间的把控要从了解游客的心理变化入手。游程临近结束的时候，游客的心理已经悄然发生了变化，他们开始更多地沉浸于归途的各种准备，对于导游员的引导和提示，往往没有先前那样重视了，因而容易引发各种失误，影响预定计划的实施。导游员要适应和掌握游客的心理变化，有针对性地做好工作。在送别游客的前一天下午，导游员要妥善安排游客当天的活动，晚上一般不安排活动，要在时间、精力上为游客留有适当的余地，为他们准备行装提供良好条件。晚上分手之前，导游员要将第二天集合的时间、地点和注意事项准确、完整地告诉游客。为了保证不留死角，导游员应逐个房间地走一遍，当面向每位游客交代清楚，同时可提示游客早一点儿休息，保证明天有良好的体力和精神。早晨集合的时间可以适当安排得早一点，为游客办理离店手续留出足够的时间。导游员要提前到达饭店，协助游客办理离店手续，做好出发前的准备工作。

（2）确认行李、协助客人结清账目。导游员在最后一天的工作计划中，要把协助游客确认行李和与饭店结清账目两件大事列为重中之重，予以高度重视和妥善处理。游客的行李在托运之前，要集中放置到饭店大堂中，行李集中之后，导游员要请游客查验一遍，在他们对自己要托运的行李进行确认的同时，请领队进行确认。清点过游客的行李之后，导游员要将行李与司机进行交接。在行李装车的时候，导游员要到现场，再一次清点并核实行李的数目，以保证不出差错。游客在离开饭店之前，要和饭店结清个人消费的账单。导游员应在前一天晚上提醒游客检查一下自己有无尚未结清的账单，协助游客在离开饭店之前提前付清这些账单。游客容易遗忘的账单，多是一些金额较小的消费，如电话费、洗衣费、客房点餐费以及其他记账消费的费用，游客不付清这些费用，是不能离开饭店的。导游员要注意在饭店和游客之间进行沟通，及时提醒游客，避免临行前由于个别游客忘了结账而耽误了团队出发的时间。

（3）提醒游客随身带好贵重物品和护照、证件。导游员应把送别游客的工作做得细致入微，在交代注意事项的时候，除了提醒游客注意准确掌握集合的时间、付清饭店的账单以及查验托运的行李之外，还要特别提醒游客注意一定要将护照等证件、机票（车、船票）随身携带、妥善保管；尤其是针对一些缺乏旅游经验的游客，要格外予以强调。导游员要特别注意防止出现个别游客由于不明情况或粗心大意而将护照等证件、机票装进行李托运走了的事情。为此，导游员在游客离开饭店之前，要有意识地来一个“回马枪”，再一次提示游客认真检查一下自己是否带齐了所有的物品，有没有遗忘什么。对于有些习惯随身携带贵重物品的游客，导游员要特别提醒他们提高警惕，妥善保管好自己的财物。

3. 掌握致欢送词的要点

（1）欢快愉悦的游览回忆。导游员怎样才能把旅程中美好的经历说得更有分量、更能撩拨人心，是需要认真揣摩和推敲的。导游员可以选择游览观光过程中最精彩动人的场面进行回顾，重提和游客一起度过的那些值得回忆的宝贵时光，勾起他们的美好回忆，营造出依依惜别的感情氛围。游客不同，感兴趣的事情也不同，导游员要尽可能照顾到游客的不同兴奋点，使每一位游客都能体验到这次参加旅游活动获得的成就感，都能在导游员的欢送词中感受到一份针对自己的回忆和祝福。游客此时行将踏上旅途，他们可能有着不同的心情，对这段旅游生活以及导游员的接待服务工作可能有着不同的认识和评价，导游员要有效地利用致欢送词的形式，表达自己的送别之情，用一种积极友善的感情气氛感染游客，使感觉满意的游客能够留下更深一层的美好记忆，使感觉不满意的游客能够多一分谅解和宽容，使留有遗憾的游客能够暂时抛开苦恼，使大家在旅途中能够拥有一个好心情。

（2）真实诚恳的工作总结。导游员所致的欢送词要使用浪漫主义和现实主义相结合的手法。欢送词除了要营造和送别相适宜的感情氛围，还要简要回顾和总结几天来的旅游活动。导游员在欢迎词中对游客所做的各项承诺是否已经兑现，旅游接待计划中安排的各项活动实际执行得怎样，此时此地均需要面对游客坦率真诚地做出陈述。导游员在带团过程中出现一些问题是在所难免的，要积极、正确地面对这些问题。欢送词不应该报喜不报忧，对已经发生的问题也不必回避，可以向游客如实做一点解释，要善于做自我批评；同时也要注意把握分寸，不要破坏了送别气氛的主旋律，说什么不说什么，什么多说什么少说，怎样来说，要认真选择和安排妥当。对于自己在接待服务工作中的不足之处，以及由此可能给游客带来的种种不便，导游员要利用致欢送词的机会向游客表示由衷的歉意，恳请游客的谅解。同时，导游员要以自己和司机的名义，对全体游客在几天的游程中对接待工作予以的理解和支持，对从游客身上学到的品格和知识以及所受到的启发，表示衷心的感谢。

（3）自我评价的职业记录。导游员的欢送词既是为游客做的，又是为自己做的，它包含着导游员对自己的接待服务工作的自我评价，是一份应该认真做好的职业记录。导游员对于致欢送词，不仅要重视效果，而且需要重视准备过程。欢送词致得好不好，不只是经验和技术的问题，它还从一个方面反映出了导游员整体的职业水平和工作效果。导游员的接待服务工作如果做不好，欢送词是无论如何也做不好的。因此，导游员致欢送词时，要从今后更好地做工作的高度着眼，总结过去，展望未来。

4. 导游员的心理调节

（1）调整心理。导游员在下团以后，往往要经历一个调整过程。导游员在带团的时候，每天要处理许多复杂的问题，全神贯注于游客和接待服务工作，承担着多种压力，要思考大量问题，体力和精力消耗都比较大，但是自己往往并不觉察。一旦送走游客，环境改变，压力消失，导游员会马上感觉到先前隐匿起来的种种不舒服，形成一种比较大的反差。这时，导游员通常会感觉精力集中不起来，脑子也突然运转不灵了，仿佛陷入了带团时经历的种种事情和节奏不能自拔。导游员的自我调整要从每一天结束工作以后做起，而不必等到送走旅游团之后再做。利用工作的间隙，充分休息，恢复体力；同时也可以尝试着做一些自己喜欢的事情，转移精力，放松精神。结束一天的工作来一次小调整，送走一个旅游团来一次大调整；一面恢复体力，一面调节心理和情绪。

（2）总结经验。导游员的总结工作应该从两个方面着手，不仅要做自我总结，而且要找行家做咨询。要把接待服务工作中遇到的重要事情摆出来做分析，哪些事情做得让游客满意，取得了成功，原因是什么？游客对哪些事情还不满意，引发不满意的是客观原因，还是主观原因？导游员做总结要主动听取同行的意见，要善于从别人的评价中找到问题的症结，发现自己的不足。

（3）再接再厉。导游员的工作总是周而复始的，一个旅游团送走了，另一个旅游团就要来了。导游员在刚开始带团的时候，容易感到身心疲劳和种种不适应，希望带过一个旅游团之后适度休息调整一段时间，这也是正常的。另外，导游员要树立“连续作战”的精神，当工作需要的时候，能够做到连续带团。导游员连续带团是快速提高自己综合素质的好途径，通过连续带团可以尽快使导游员在身体方面、职业技能、职业道德和带团经验方面，都取得比较大的进步。

（二）实训步骤

1. 课前准备

老师向同学们介绍送站服务的主要环节和一般的注意事项，同学们自己做记录。老师利用视频、多媒体等形式向同学们介绍欢送词的要点，观看完视频以后由同学们自己创作一篇欢送词，并由老师进行点评。

2. 课堂情景模拟

同学们自己布置模拟送站服务现场，选派学生代表模拟导游员送站服务。

3. 试训后的总结

由老师和同学们一起评议和讨论，根据讨论的结果完善自己之前所创作的欢送词。

六、实训考核

（一）考核要点

1. 欢送词讲解

对整个行程做回顾，将精彩的瞬间整理出来；对客人表示感谢，并对带团过程中出现的一些问题表示歉意；欢迎客人回访，祝愿客人生活美满幸福。（20 分）

2. 送站程序

提醒客人带齐个人行李，检查自己随时携带的贵重物品；补全相关的退费、退票等事务，并收集好证明、票据；组织游客填写服务质量意见卡；准时准点到达车站、码头、飞机场。（30 分）

3. 注意事项

送站当天的旅游活动不要安排太满，行程不要太赶；送站之前了解当地交通状况，确保准时准点送达。（20 分）

4. 心理调节

要认识到此时已经接近回家的时刻，客人的心理已经跟刚到达时完全不同；对客人归心似箭的心情加以抚慰，对客人仍念念不忘的旅游活动尽可能加以满足；调节自己的心情，为下一个团队的接待工作做准备。（30 分）

（二）观察要点

1. 欢送词讲解的观察要点

要包含欢送词的大部分要点，致欢送词讲解时态度要礼貌且不失热情。

2. 送站程序的观察要点

主要的送站环节都没有遗漏，按照程序完成了整个送站服务。

3. 注意事项的观察要点

一般的注意事项都没有遗漏，全程都应用了“回马枪”技巧。

4. 心理调节的观察要点

对自己的积极心理暗示和调节，对送站服务时游客心理变化的观察和引导。

七、学生总得分

八、教师评语

教师签名：

年　　月　　日

导游导餐服务

一、实训目的

（1）培养规范化、标准化的服务意识，根据游客的实际情况提供餐饮服务的能力。

（2）掌握导餐工作的主要流程与内容，能结合具体接待案例熟练操作。

（3）掌握地方特色饮食文化，在游客用餐时能够对其原材料、制作方法、文化内涵等加以介绍，使游客既饱口福又饱耳福，并能在游客要求下合理安排风味餐、自助餐等。

（4）掌握餐饮常见问题的解决方式。

二、实训课时

（1）理论课时：1 学时。

（2）实操课时：3 学时。

三、实训准备

（1）理论教学准备、多媒体教学设备。

（2）提前下发接待计划，下发游客就餐方面个别处理的实训材料。

（3）全体参训学生分组，认真按接待计划做好服务准备。

（4）情景模拟教学准备：参训学生中一人扮演导游，提供导餐服务，其他小组成员扮演游客、全陪、领队、就餐点工作人员等。

（5）物质准备：桌椅、碗筷、菜单、话筒、导游旗、导游证、胸卡、餐饮相关票据样表、团队游客就餐意见反馈样表等。

（6）实地演练场地准备：联系好实训基地（旅游就餐餐厅）。

四、实训方法

（1）讲授法：教师充分运用多媒体设备及教具，将理论知识讲授和导游实践示范相结合。

（2）任务趋动下的案例教学：参训同学依据所选案例，结合课程要求、把握导餐服务工作环节与内容，选择相应的道具进行实践操作训练。

（3）情景模拟法和角色扮演法：将全部参训同学分为若干小组，扮演导游、游客、全陪、领队、餐饮点工作人员等角色，根据培训内容进行模拟训练。

（4）实地演练法和融入式教学法：如果条件许可，可以到实训基地（旅游就餐餐厅）进行实地演练，学习训练导餐服务的方法和技巧，教师可以一旁指导和讲解。

五、实训内容与步骤

高质量的旅游体验与愉快的就餐体验分不开，而高质量的旅游就餐体验主要取决于旅游人才良好的专业素质及专业能力。因此，本实训项目的主要内容是通过对就餐服务程序的全面精确把握，提升导游的素质和能力，强化导游导餐的作用，发挥好讲解、协调和保障作用。

将参训同学分成若干小组，以小组为单位，按顺序轮流学习并完整操作就餐导游服务的流程，熟练掌握就餐导游服务工作整体流程和内容。

（一）实训内容

1. 导餐服务流程训练

团队餐形式大致可分为正餐、风味餐和宴会，主要练习正餐、风味餐的导餐服务。

（1）导游员对团队餐的服务。提前落实相关事宜；引导客人进入餐厅：引导客人入座；巡视团队用餐情况：提示服务，清点人数；告知处理范围；告知领队司机用餐地点、出发时间；监督、检查；按约定时间集合登车。

（2）导游员对风味餐的服务。主要介绍大理白族风味餐的特色；介绍风味餐的用餐顺序；介绍风味餐的表演。

2. 导餐服务程序的专项训练

运用角色带入扮演法，参训同学分别扮演导游、游客、旅游车司机、全陪（或领队）、餐饮服务人员等角色，借助多媒体、教具及图片文字资料等，进行角色带入模拟实践训练，强化对导餐服务工作认识，准确把握每个环节的知识点。

（二）实训步骤

1. 实训前的准备工作

（1）教师于课前将实训计划和操作方案发到参训同学群中，按课程训练要求准备好实训材料。

（2）参训同学按课程训练方案的设置准备个人所需材料，并完成分组及角色扮演人员安排的书面方案。

2. 实训工作的具体实施

（1）以小组为单位集体实训整个流程。

（2）每个小组挑选一名同学扮演导餐角色，负责导餐服务，其他参训同学扮演游客、旅游车司机、全陪（或领队）、餐饮服务人员等角色共同完成角色扮演与体验。

（3）指导教师对同学的实训表现提出点评与分析。

3. 实训后的总结

（1）每个小组收拾整理好相关的教具及材料。

（2）每个参训同学提交一份自我实训分析，包括流程、体会、经验、存在问题、改进或完善的可行性方案。

（3）指导教师对同学的自我分析进行归纳后，提出典型经验或问题发至参训同学群，供参训同学之间讨论交流及下期实训时改进。

六、实训考核

（一）考核要点

（1）与餐厅联络及时，安排游客及时就餐，餐位安排妥当。（10分）

（2）严格按照旅行社的安排，带游客到指定餐厅用餐。（5分）

（3）就餐前宣布餐厅就餐形式、时间、地点及用餐后的集合时间、地点。（5分）

（4）把握就餐礼仪，先安排游客就餐，再安排自己和司机就餐。（5分）

（5）指引游客到用餐桌位，向他们介绍用餐事项。（5分）

（6）掌握游客对饮食的特殊要求，在餐食上做到特别安排。（10分）

（7）介绍当地特色美食，掌握促销美食技巧。（10分）

（8）用餐过程中应到游客餐桌看望，对游客提出加水添饭要求尽量满足。如果发现食物、饮料不卫生或者变味、变质情况，应该要求立即更换，并要求餐厅负责人出面道歉。（10分）

（9）对风味餐就餐的游客进行示范讲解，如过桥米线、药膳等的食用可示范讲解。（10分）

（10）提醒游客注意保管好随身物品，就餐结束离开时提醒游客不要遗失随身物品。（5分）

（11）对于计划外游客自费品尝风味，先行告知。（5分）

（12）用餐后，按实际就餐人数、标准和领用酒水数量，如实填写餐饮费结算单与供餐单位结账。（10分）

（13）食物中毒特殊事项处理。（10分）

（二）观察要点

（1）与餐厅联络方面的观察要点：事先是否与餐厅联络；游客是否及时就餐；餐位是否安排准确妥当。

（2）游客到指定餐厅用餐的观察要点：严格按照旅行社的安排带游客到指定餐厅用餐；对游客信息的把握是否准确，安排餐位是否准确；对游客的态度是否热情、友好。

（3）就餐前宣布事项的观察要点：是否就餐前宣布餐厅就餐形式、时间、地点及用餐后的集合时间、地点；表达是否准确清晰；通知是否覆盖全体游客。

（4）就餐礼仪的观察要点：是否热情、友好招待游客；是否尊重游客的风俗习惯，不做任何有失礼节的事情；是否亲自带领游客进入餐厅，找到游客用餐桌次；安排游客、导游本人和司机的就餐顺序是否合理。

（5）介绍用餐事项的观察要点：是否向游客介绍用餐事项；如果游客数量多，是否在餐桌上标清游客号码，方便游客找到用餐桌位；是否通过合理措施确保游客用餐安全有序；是否提醒游客等待一个餐桌坐满定额游客之后方可用餐，以防后到游客无餐可进。

（6）游客对饮食特殊要求特别安排的观察要点：是否能灵活恰当地应对处理个别游客在游览参观活动时间之外提出的各种合理或不合理的餐饮服务要求；是否提前了解游客对餐饮的特殊要求（尤其是清真餐的安排）；是否统计不统一用餐、半餐或不含餐的人数并妥善安排。

（7）介绍当地特色美食促销美食技巧的观察要点：表述是否绘声绘色，让游客食欲大增；是否能讲出当地各种特色美食的特点；是否能了解各地游客饮食偏好，有针对性地配置当地美食；加餐要额外加费是否讲述清楚；是否对当地的一些用餐习俗、禁忌等作一些介绍。

（8）看望游客餐桌的观察要点：是否及时解答游客在用餐中提出的问题；对游客提出加水添饭要求尽量满足；检查监督餐厅是否按标准提供服务；如果发现食物、饮料不卫生或者变味、变质情况，是否要求立即更换，并要求餐厅负责人出面道歉。

（9）对风味餐就餐的游客进行示范讲解的观察要点：是否餐前告知游客食用的安全事项；是否对特色风味餐就餐方式方法进行示范讲解；是否提醒游客食用冷食、冷饮、海鲜等食物后的注意事项。

（10）提醒游客保管好随身物品的观察要点：是否提醒游客保管好随身物品；是否安排游客贵重物品用餐时寄存在餐厅物品寄存处，餐后是否提醒游客带走自己携带的贵重物品。

（11）对于计划外游客自费餐先行告知的观察要点：是否事前告知计划外游客自费餐项目，并告知游客自愿选择；是否明确告知游客自费餐项目和价钱以及饮食用餐安全注意事项。

（12）用餐后与供餐单位结账的观察要点：是否按实际就餐人数、标准和领用酒水数量如实填写餐饮费结算单，与供餐单位结账；是否提醒游客检查携带自己的随身物品；是否提醒游客为自己的额外消费结账并向餐厅索要正规发票；是否针对自己带团过程中的用餐服务进行总结。

（13）食物中毒特殊事项处理的观察要点：是否有预防食物中毒的预防措施，如严格执行在旅游定点餐厅就餐的规定；是否提醒游客不要在小摊上购买食物；是否关注用餐过程中食物、饮料不卫生的情况并及时要求餐厅更换；当发现游客食物中毒后是否及时采取必要措施，是否及时将患者送往医院救治，并要求主治医生开具诊断证明，是否迅速报告旅行社并追究供餐单位责任。

七、学生总得分

八、教师评语

教师签名：

年　　月　　日

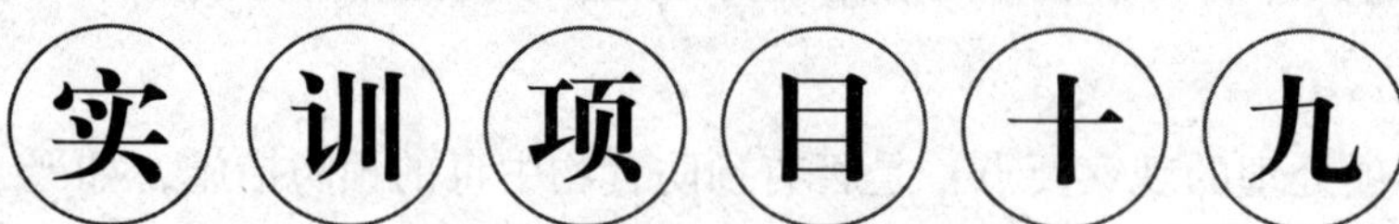

实训项目十九

导游购物服务

一、实训目的

（1）了解游客常购物品的相关知识。

（2）了解违禁商品以及相关法律、商品的付款方式、托运方式等。

（3）掌握安排游客购物的程序、技巧和注意事项。

（4）掌握游客购物问题的解决方法和技巧。

二、实训课时

（1）理论：1学时。

（2）实操：3学时。

三、实训准备

（1）理论教学准备、多媒体教学设备。

（2）提前下发接待计划，下发游客购物方面个别处理的实训材料。

（3）全体参训学生分组，认真按接待计划做好服务准备。

（4）情景模拟教学准备：参训学生中一人扮演导游，提供导购服务，其他小组成员扮演游客、全陪、领队、购物点工作人员等。

（5）物质准备：话筒、导游旗、导游证、胸卡、购物相关单据样表等。

（6）实地演练场地准备：联系好实训基地（旅游购物商店）。

四、实训方法

（1）讲授法：教师充分运用多媒体设备及教具，将理论知识讲授和导游实践示范相结合。

（2）任务趋动下的案例教学：参训同学依据所选案例，结合课程要求、把握导游购物服务工作环节与内容，选择相应的道具进行实践操作训练。

（3）情景模拟法和角色扮演法：将全部参训同学分为若干小组，扮演导游、地陪、全陪、游客、领队、购物点工作人员等角色，根据培训内容进行模拟训练。

（4）实地演练法和融入式教学法：如果条件许可，可以到实训基地（旅游购物商店）进行实地演练，学习训练导游购物服务的方法和技巧，教师可以一旁指导和讲解。

五、实训内容与步骤

购物是游客旅游过程中的重要组成部分之一。游客总是喜欢购买一些当地名特产品、旅游商品送给自己的亲朋好友。游客购物的一个重要特点是随机性较大，因此，作为导游要把握好游客的购物心理，做到恰到好处地宣传、推销本地的旅游产品，既能满足游客的购买意愿，又符合导游工作的要求。

（一）实训内容

1. 导游购物服务流程训练

将参训同学分小组，以小组为单位，按顺序轮流学习并完整操作导游购物服务流程及各流程内容，熟练掌握对导游购物服务工作整体流程和内容。

（1）导游购物服务准备。

①了解游客购物的动机。游客购物动机一般有：纪念性动机、馈赠性动机、新奇的动机、求利求实的动机。

②认识游客购物形式。游客购物通常是通过不同途径与方式完成的，主要有以下

几种。第一种是计划内的购物，在计划中已经注明，游客对这种安排是事先知晓的，并且充满期待；购买当地最知名或最有特色的商品或旅游纪念品，是旅游团活动的重要组成部分，对商品的要求是规模大、价格公正、质量有保证。第二种是计划外购物，是在组团社接待计划中没有明确规定或限制的情况下，为满足游客的需求而临时安排的购物活动。计划外购物灵活性大；可根据游览行程时间的松紧程度，游客要求的强弱程度和购物商店的分布情况灵活安排。计划外购物有三种情况：一是游客对旅游目的地获得了一些信息，对当地商品资源有一定的了解，为使本次的旅游内容更为丰富，满足为亲朋好友馈赠礼品的需要，主动向导游人员提出要求。二是游客参加旅游团的目的之一就是到旅游目的地购物，购买那些自己向往已久的具有地方特色和民族特色的商品。三是外界的刺激诱发了游客的购物愿望。第三种是自由活动购物，每一个旅游团都会安排一定的时间给予游客更多的自由活动时间，而游客常常利用这段时间进行购物。自由活动时间购物可以在游览间歇中留下一段时间供游客在景区周围购物，也可以专门留下一天或半天时间安排游客去当地的繁华商业区购物。

③慎重选择购物商店。选择旅游定点购物商店，选择信誉好、物价相符的商店，选择购物环境好的商店，选择与旅游团行程就近的商店。导游提前了解定点购物点的商品情况，尤其是当地土特产品。

④合理安排购物时间。无论是计划内、计划外购物还是自由活动购物，导游人员的安排都不能过于频繁；购物时间要安排合理，既不可太长，让游客在商店中无事可做，又不可太短，使游客没时间认真挑选。

（2）引导游客进入购物点，介绍当地和购物点的特色旅游纪念品；导游人员在安排购物中，要严格按照导游服务程序执行，真正做到既满足游客需求又保障游客的利益。介绍当地有特色、有知名度的旅游商品，是导游人员服务中的一项重要内容。真实客观介绍商品的产地、质量、使用价值和文化艺术价值等商品知识。讲解中要突出文化内涵，许多地方特色产品是多年的文化传承的结果，在历史的发展过程中，融合了许多人文思想和艺术元素。导游人员在商品讲解中，要注意突出其中内涵，满足游客的审美需要，而不是过分地讲商品本身，更不能直接推销和兜售。

（3）导游服务中进行商品促销，提供服务。真实客观介绍商品的类型、性能及功效，对商品的介绍要努力做到实事求是、客观公证，评价要恰如其分，赞美要有根据，坚决杜绝不负责任、无限夸大的讲解，以免误导游客，更不能怀着自私的目的进行欺骗性的宣传。不管游客是否购物，前后态度都应一致。为了更有效地促销商品，最大限度地满足游客购物的需求，导游人员应该做到以下几点：

①熟悉商品、热情宣传。为了满足游客不同购物需求，导游人员应尽可能地多了解商品的产地、质量、使用价值、销售地点和价格等，并主动热情地向他们宣传，做好游客的购物参谋。

②思想重视，态度积极。每个导游人员必须认识到旅游购物服务是导游服务工作的重要内容之一，帮助游客购物是导游人员的职责。

③了解对象，因势利导。为了更好地促销商品，导游人员不仅要熟悉商品，而且要了解游客是否有购物需要、购买能力以及他们需要购买什么样的商品，从而有针对性地提供购物服务，满足游客的购物愿望。

④掌握推销原则。导游人员做好购物服务必须建立在游客“需要购物、愿意购物”的基础上，不得强买强卖，违法乱纪。其原则包括：第一，实事求是，维护信誉。介绍商品实事求是，价格合理公道，不得做失实的介绍，不得以次充好、以假乱真，不得乱涨价，不得为了谋取私利与不法商人勾结，坑蒙拐骗游客。第二，从游客的购物需求出发，因势利导。导游人员在提供旅游服务的过程中，不要过多安排购物时间，切忌强加于人，更忌拉游客到自己的“关系户”购物谋利，以免引起游客的反感。

⑤学习掌握科学鉴别旅游商品的知识并向游客讲解。

⑥掌握给游客介绍购买旅游商品的小窍门。一是以地方特色为主。帮助游客购买有纪念意义、正宗、价格合理的地方特色商品，特别是一些在其他地方买不到的当地土特产。二是以小型轻便为首选，对于体积庞大、不易携带的特色商品可以指导游客托运邮寄。三是告知游客切忌贪图便宜以防上当受骗。四是让游客相信自己的判断。个别导游人员会带游客到非法购物点，游客要理性购物，管住自己的“钱袋子”，做个成熟的消费者。

（4）游客购物方面个别要求的处理。在购物方面，游客会提出各种各样的特殊要求，导游人员要设法予以满足。一是游客要求单独外出购物，导游人员要予以协助，当好购物参谋，如建议去哪家商场购物，为其安排车辆并写好便条（商店名称、地址），让游客方便找到购物地等。但在旅游团要行动时，导游人员要劝阻游客单独外出购物。二是要求退换商品。旅游购物后发现是残次品、计价有误、对商品不满意，要求导游人员帮其退换时，导游应积极协助。三是要求再去商店购买相中的商品，当游客提出这种要求时，只要时间许可，导游人员可以让其前往购买，也可陪同前往。四是要求购买古玩或仿真艺术品，导游人员应带其到文物商店购买，并提醒游客索要发票并妥善保管，不要将物品上的火漆印（如果有的话）去掉，以便海关查验。若游客要到地摊购买文物要劝阻，并告知携带我国出口的文物，要向海关递交中国文物管理部门的鉴定证明，地摊无法为其提供这种证明。若发现个别游客有走私文物的可疑行为，导游人员须及时向有关部门报告。五是游客要求购买中药材、中成药时，导游人员应该告知我们海关的规定，进境游客出境时携带外汇购买的、数量合理的中药材、中成药，需向海关交验盖有国家外汇管理局统一印制的“外汇购买专用章”的发货票，超出自用合理数量范围的不准带出（前往国外的，总值限人民币300元，前往港澳地区的，总值限人民币150元）。六是要求代为托运物品。游客购买大件物品后，要求导游人员帮助托运时，导游人员可告知外汇商店一般经营托运业务，若商店无托运业务，导游人员要帮助游客办理托运手续。若商店当时无货，游客请导游人员代为购买并托运，导游人员应婉拒。

（5）导购后后续工作。提醒游客携带好随身物品，协助游客完成购物后的结账工作，协助游客进行物品托运。

2. 导购服务程序的专项训练

运用角色带入扮演法，参训同学分别扮演导游、游客、旅游车司机、全陪（或领队）、旅游商店服务人员等角色，借助多媒体、教具及图片文字资料等，进行角色带入模拟实践训练，强化对导购服务工作认识，准确把握每个环节的知识点。

（二）实训步骤

1. 实训前的准备工作

（1）教师于课前将实训具体计划信息和操作方案发到参训同学群中，按课程训练要求准备好实训材料。

（2）参训同学按课程训练方案的设置准备个人所需材料，并完成分组及角色扮演人员安排的书面方案。

2. 实训工作的具体实施

（1）以小组为单位集体实训整个流程。

（2）每个参训学生个体担任导游一职，主要提供导游购物服务，其他参训同学配合共同完成角色扮演与体验。

（3）指导教师对同学的实训表现提出点评与分析。

3. 实训后的总结

（1）每个小组收拾整理好相关的教具及材料。

（2）每个参训同学提交一份自我实训分析，包括流程、体会、经验、存在问题、改进或完善的可行性方案。

（3）指导教师对同学的自我分析进行归纳后，提出典型经验或问题发至参训同学群，供参训同学之间讨论交流及下期实训时改进。

六、实训考核

（一）考核要点

（1）导游购物服务准备。（20 分）

（2）引导游客进入购物点，介绍当地和购物点的特色旅游纪念品。（20 分）

（3）导游服务中进行商品宣传。（20 分）

（4）游客购物方面个别要求的处理。（20 分）

（5）导游购物服务后续工作的处理。（20 分）

（二）观察要点

（1）导游购物服务准备的观察要点：是否本着需要购买、愿意购买的原则，是否存在强买强卖的现象；是否了解游客购物的动机；是否认识游客不同购物形式的异同及相应的服务技巧；是否提醒游客谨防上当受骗；是否提前了解定点购物点的商品情况；是否在安排购物时明确讲明停留时间及注意事项；是否合理安排购物时间。

（2）导游介绍商品的观察要点：是否引导游客到指定的旅游购物点购物；是否严格按照导游服务程序进行；是否掌握旅游商店中的商品（尤其是土特商品）的价格、价值，并向游客讲解；是否突出商品的文化内涵。

（3）导游服务中进行商品宣传的观察要点：是否掌握一定的沟通技巧；当游客与他人产生争执时是否能协调解决；是否熟悉商品、热情宣传；是否掌握介绍购物的窍门；是否掌握旅游商品推销原则；是否了解游客购买心理和动机，因势利导；是否思想重视、态度积极；是否教游客商品鉴别真伪的相关知识；游客购物前后导游态度是否一致。

（4）游客购物方面个别要求处理的观察要点：游客要求单独外出购物时是否予以协助；游客要求退换商品时是否予以协助；游客要求再去商店购物时是否予以协助；游客要求购买古玩或仿真艺术品，是否提醒到文物商店购买并索要发票妥善保管，以便海关查验；游客要求购买中药材、中成药时，是否告知我国海关的规定；游客要求代为托运物品时，是否婉拒。

（5）导游购物服务后续工作处理的观察要点：是否及时处理了游客遗留的问题；是否有效处理了游客账务结清、托运等问题。

七、学生总得分

八、教师评语

教师签名：

年　　月　　日

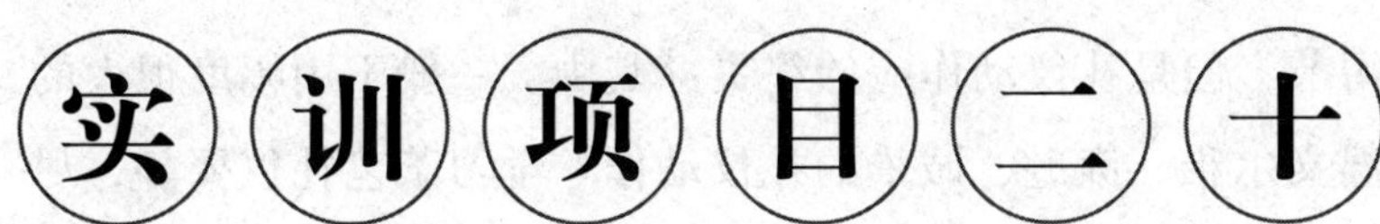

实训项目二十

茶艺服务

一、茶艺礼仪

（一）实训目的

茶艺礼仪目的在于自省修身，多采用含蓄、温文、谦逊、诚挚的礼仪动作，不主张太夸张的动作及言语客套，尽量用微笑、眼神、手势、姿势等示意。以动作连贯、态度恭谦为准，教师示范、演示，学生模拟训练。

（二）实训要求

按照训练内容规范准确操作，做到准确、正确、规范。

（三）实训课时

（1）理论：1 学时。

（2）实操：3 学时。

（四）实训仪器设备

茶艺实验室或多媒体教室，茶桌、茶杯、茶壶、椅子、烧水壶。

（五）实训内容

茶艺礼仪不主张繁文缛节，但是礼仪动作应始终贯穿其中。一般不用幅度很大的礼仪动作，而采用含蓄、温文尔雅、谦逊、诚挚的礼仪动作。学习茶艺礼仪要静，尽量用微笑、眼神、手势、姿势等示意，不主张用太多语言客套。要求稳重，因此调息静气是关键。主要的实训内容包括：站姿礼仪、坐姿礼仪、走姿礼仪、鞠躬礼仪。

（六）实训步骤

1. 站姿

优美而典雅的站姿，是体现茶艺服务人员自身素养的一个方面，是体现服务人员仪表美的起点和基础。

站姿的基本要求：站立时直立站好，从正面看，两脚脚跟相靠，脚尖开度在45°~60°。身体重心线应在两脚中间向上穿过脊柱及头部，双腿并拢直立、挺胸、收腹、梗颈。双肩平正，自然放松，双手自然交叉于腹前，双目平视前方，嘴微闭，面带笑容。

2. 坐姿

茶艺工作的内容决定了茶艺人员在工作中经常要为客人沏泡各种茶，有时需要坐着进行，因此工作人员良好的坐姿也显得尤为重要。

正确的坐姿要求：茶艺表演时，挺胸、收腹、头正肩平，肩部不能因为操作动作的改变而左右倾斜；双腿并拢；双手不操作时，平放在操作台上；面部表情轻松愉悦，自始至终保持微笑。

3. 走姿

人的走姿是一种动态的美，茶艺人员在工作时经常处于行走的状态中。要通过对工作人员的正规训练，使他们掌握正确优美的走姿，并运用到工作中去。

走姿的基本方法和要求：上身正直，目光平视，面带微笑；肩部放松，手臂自然前后摆动，手指自然弯屈；行走时身体重心稍向前倾，腹部和臀部要向上提，由大腿带动小腿向前迈进；行走线迹为直线，服务员在行走时要保持一定的步速，不要过急，否则会给客人不安静、急躁的感觉，一般不要求步幅过大，否则会给客人带来不舒服的感觉。

4. 鞠躬礼

分为站式、坐式和跪式三种。站式鞠躬与坐式鞠躬比较常用，其动作要领包括：

两手平贴大腿徐徐下滑，上半身平直弯腰，弯腰时吐气，直身时吸气，弯腰到位后略作停顿，再慢慢直起上身。行礼的速度宜与他人保持一致，以免出现不协调感。

（七）实训注意事项

学习过程要求表情自然，衣着大方得体 。

二、茶席设计

（一）实训目的

通过对本部分的学习，使学生了解茶席的概念和构成要素。

（二）实训要求

要通过实训，使学生能根据主题进行茶席设计。

（三）实训课时

（1）理论：1学时。

（2）实操：3学时。

（四）实训仪器设备

茶席设计的九要素，即茶品、茶具组合、铺垫、插花、焚香、挂画、相关工艺品、茶点茶果、背景。

（五）实训内容

所谓茶席设计，就是指以茶为灵魂，以茶具为主体，在特定的空间形态中，与其他的艺术形式相结合，所共同完成的一个有独立主题的茶道艺术组合整体。茶席设计是由不同的因素结构而成的。由于人的生活和文化背景及思想、性格、情感等方面的差异，在进行茶席设计时可能会选择不同的构成因素，在这里，我们仅以一般的基本构成因素加以叙述。

1. 茶品

茶，是茶席设计的灵魂，也是茶席设计的思想基础。因茶，而有茶席；因茶，而有茶席设计。

2. 茶具组合

茶具组合是茶席设计的基础，也是茶席构成因素的主体。茶具组合的基本特征是实用性和艺术性相融合。实用性决定艺术性，艺术性又服务于实用性。因此，在它的质地、造型、体积、色彩、内涵等方面，应作为茶席设计的重要部分加以考虑，并使其在整个茶席布局中处于最显著的位置，以便于对茶席进行动态的演示。

3. 铺垫

铺垫，指的是茶席整体或布局物件摆放下的铺垫物。也是铺垫茶席之下布艺类和其他质地物的统称。铺垫的直接作用：一是使茶席中的器物不直接触及桌（地）面，以保持器物清洁；二是以自身的特征辅助器物共同完成茶席设计的主题。

4. 插花

茶席中的插花，是为体现茶的精神，追求崇尚自然、朴实秀雅的风格。其基本特征是：简洁、淡雅、小巧、精致。鲜花不求繁多，只插一两枝便能起到画龙点睛的效果；注重线条、构图的美和变化，以达到朴素大方、清雅绝俗的艺术效果。

5. 焚香

焚香，是指人们将从动物和植物中获取的天然香料进行加工，使其成为各种不同的香型，并在不同的场合焚熏，以获得嗅觉上的美好享受。焚香在茶席中，其地位一直十分重要。它不仅作为一种艺术形态融于整个茶席中，同时，它美好的气味弥漫于茶席四周的空间，使人在嗅觉上获得非常舒适的感受。气味有时还能唤起人们意识中的某种记忆，从而使品茶的内涵变得更加丰富多彩。

6. 挂画

挂画，又称挂轴。茶席中的挂画，是悬挂在茶席背景环境中书与画的统称。书以汉字书法为主，画以中国画为主。

7. 相关工艺品

相关工艺品，不仅能有效地陪衬、烘托茶席的主题，还能在一定的条件下，对茶席的主题起到深化的作用。

8. 茶点茶果

茶点茶果，是对在饮茶过程中佐茶的茶点、茶果、和茶食的统称。其主要特征有：

分量较少，体积较小，制作精细，样式清雅。

9. 背景

茶席的背景，是指为获得某种视觉效果，设定在茶席之后的艺术物态方式。茶席的价值是通过观众审美而体现的，因此，视觉空间的相对集中和视觉距离的相对稳定就显得特别重要。

（六）实训步骤

（1）确定茶叶品种，根据茶叶属性综合考虑茶席设计的要素。

（2）确定泡茶用具，用适合的茶具搭配茶叶方能体现茶叶的本真。

（3）确定铺垫的材质，应与选择的茶具搭配。

（4）用当季、能体现茶叶属性的花、枝等烘托茶席主题。

（5）根据需要选择香味适宜的熏香品种，切忌选用香味刺鼻的劣质香。

（6）根据主题选择悬挂的字画及位置。

（7）根据需要选择相关工艺品烘托茶席主题。

（8）根据需要选择合适的茶点茶果，切忌喧宾夺主。

（9）背景的设计要体现茶席主题。

（七）实训注意事项

主题的确定是关键，所有设计的元素要围绕主题和茶叶的属性来综合考虑。

三、绿茶茶艺

（一）实训目的

通过玻璃杯冲泡绿茶流程的演示及茶艺表演，要求学生掌握绿茶品质特点、冲泡要求和操作要领。

（二）实训要求

冲泡名优绿茶要求选用无色、无花纹的透明中型玻璃杯，水温控制在80℃，按1∶50茶水比配备茶叶和用水量。

（三）实训课时

（1）理论：1 学时。

（2）实操：3 学时。

（四）实训仪器设备

玻璃杯 3 个、随手泡、绿茶 10 克、茶叶罐、茶荷、茶巾、茶道组、茶盘。

（五）实训内容

（1）点香——焚香除妄念。

（2）洗杯——冰心去尘凡。

（3）凉汤——玉壶养太和。

（4）投茶——清宫迎佳人。

（5）润茶——甘露润莲心。

（6）冲水——凤凰三点头。

（7）泡茶——碧玉沉清江。

（8）奉茶——观音捧玉瓶。

（9）赏茶——春波展旗枪。

（10）闻茶——慧心悟茶香。

（11）品茶——淡中品致味。

（12）谢茶——自斟乐无穷。

（六）实训步骤

（1）选用无色透明玻璃杯，可以欣赏绿茶芽叶及冲泡全过程。

（2）冲泡前先检查茶具数量质量，并用开水烫洗茶杯，起到温杯洁具的作用。

（3）用 80℃ ~85℃水温冲泡名优绿茶香气纯正，滋味鲜爽。

（4）每杯投茶量 3 克，冲泡时间应在 3 分钟，5 分钟内饮用为好，时间过长过短都不利于茶香散发、茶汤滋味辨别。

（5）玻璃杯冲泡不同的绿茶分别适用不同的置茶方法，大致可分为“上投法”“中投法”“下投法”。上投法即先向玻璃杯中注入热水七分满，再投入所需茶叶，适合于紧实、易于下沉的茶叶置茶法（如碧螺春）；中投法指先向茶杯中注入少量热水后再投放茶叶，使茶叶充分吸收热量后舒展开来，再注入热水七分满即可，适合于条形纤细不易于下沉的茶叶（如黄山毛峰）；下投法即现将茶叶投入玻璃杯，再注入热水至七分满，适合于扁平光直、不易下沉的茶叶（如西湖龙井）。

（6）冲泡绿茶注水量一般到七分满为宜。

（7）奉茶应注意奉茶礼仪。

（8）闻香：进一步感受茶叶的香气。

（9）品饮：全面感受茶的滋味。

（七）实训注意事项

冲泡水温一般在 80℃左右，温度不宜过高，冲泡时注意煮水器壶口不应朝向宾客，提壶手势一般采用内旋法。一般绿茶可续水 2~3 次，冲泡次数越多，茶叶营养物质浸出越少。

四、红茶茶艺

（一）实训目的

通过瓷壶冲泡红茶流程的演示及茶艺表演，要求学生掌握红茶品质特点、冲泡要求和操作要领。

（二）实训要求

冲泡红茶要求选用白瓷壶（玻璃壶）、白瓷品茗杯，冲泡红茶也可选用白瓷盖碗，水温控制在 90℃，按 1∶50 茶水比配备茶叶和用水量。

（三）实训课时

4 课时

（四）实训仪器设备

白瓷茶壶 1 个、白瓷品茗杯 5~6 个、玻璃公道杯、随手泡、红茶 5 克、茶叶罐、茶荷、茶巾、茶道组、茶盘。

（五）实训内容

（1）“宝光”初现。

（2）清泉初沸。

（3）温热壶盏。

（4）“王子”入宫。

（5）悬壶高冲。

（6）分杯敬客。

（7）喜闻幽香。

（8）观赏汤色。

（9）品味鲜爽。

（10）再赏余韵。

（11）三品得趣。

（12）收杯谢客。

（六）实训步骤

（1）备器：准备好冲泡红茶使用的主泡器具和辅助用具。

（2）赏茶：用茶匙将茶叶罐中红茶轻轻拨入茶荷供宾客观赏。

（3）温壶：品茗杯依次排列并向瓷壶内注入 1/2 容量的开水，轻轻摇晃瓷壶充分预热后将热水倒入水盂。

（4）置茶：用茶匙将茶荷中红茶轻轻拨入白瓷茶壶中，投茶量为 5 克茶叶。

（5）温润泡：用内旋法将开水沿壶内壁缓缓注入茶壶至壶口，再迅速将茶汤倒入玻璃公道杯中用于洗杯。

（6）冲泡：用凤凰三点头方法提壶高冲水，使茶叶上下翻滚，开水应注满茶壶至壶口，用春风拂面的手法轻轻刮去茶汤表面的泡沫，使茶汤清澈洁净。

（7）分茶：瓷壶中的茶汤泡好后倒入有滤网的玻璃公道杯中，再将公道杯中的茶汤依次巡回斟入品茗杯至七分满，双手端起品茗杯放入杯托。

（8）奉茶：双手端起杯托，将泡好的红茶奉送到宾客面前，邀请来宾品饮。

（9）闻香、品饮。

（10）收具谢礼。

（七）实训注意事项

冲泡时注意煮水器壶口不应朝向宾客，提壶手势一般采用内旋法。一般红茶可续水 5~6 次，冲泡次数越多，茶叶营养物质浸出越少。同时，应注意奉茶礼仪。

五、乌龙茶茶艺

（一）实训目的

通过紫砂壶冲泡乌龙茶茶流程的演示及茶艺表演，要求学生掌握乌龙茶品质特点、冲泡要求和操作要领。

（二）实训要求

冲泡乌龙茶要求选用紫砂壶、白瓷品茗杯，冲泡铁观音可选用盖碗，水温控制在100℃，按 1∶22 茶水比配备茶叶和用水量。

（三）实训课时

（1）理论：1 学时。

（2）实操：3 学时。

（四）实训仪器设备

紫砂壶 1 个、品茗杯 5~6 个、公道杯、随手泡、武夷岩茶 8 克、茶叶罐、茶荷、茶巾、茶道组、茶盘。

（五）实训内容

（1）焚香静气，活煮甘泉。

（2）孔雀开屏，叶嘉酬宾。

（3）大彬沐淋，乌龙入宫。

（4）高山流水，春风拂面。

（5）乌龙入海，重洗仙颜。

（6）玉液回壶，再注甘露。

（7）祥龙行雨，凤凰点头。

（8）龙凤呈祥，鲤鱼翻身。

（9）捧杯献礼，敬奉香茗。

（10）鉴赏汤色，喜闻高香。

（11）三龙护鼎，初品奇茗。

（12）再斟流霞，二探兰芷。

（13）二品云腴，喉底留甘。

（14）三斟石乳，荡气回肠。

（15）含英咀华，领悟茶韵。

（16）君子之交，水清味美。

（17）名茶探趣，游龙戏水。

（18）以茶献福，尽杯谢茶。

（六）实训步骤

（1）备器：准备好冲泡乌龙茶使用的茶具和辅助用具。

（2）赏茶：用茶匙将茶叶罐中乌龙茶轻轻拨入茶荷以供宾客观赏。

（3）温壶：品茗杯依次排列并向紫砂壶内注入 1/2 容量的开水，轻轻摇晃紫砂充分预热后将热水倒入水盂。

（4）置茶：用茶匙将茶荷中乌龙茶轻轻拨入紫砂壶中，投茶量为 6~8 克茶叶，约占茶壶容积的 1/3。

（5）润茶：在 15 秒内用内旋法将开水沿茶壶内壁慢慢注入茶壶至壶口，迅速将茶汤倒入公道杯中（用于洗杯）。

（6）冲泡：用凤凰三点头方法提壶高冲水，使茶叶上下翻滚，开水应注满茶壶至壶口，用春风拂面的手法轻轻刮去茶汤表面的泡沫，使茶汤清澈洁净。

（7）淋壶：加盖后再用开水浇淋茶壶的外表，内外加温有利于茶香的散发。

（8）分茶、点茶：紫砂中的茶汤泡好后倒入有滤网的玻璃公道杯中，再将公道杯中的茶汤依次巡回斟入品茗杯，然后点斟。

（9）奉茶。

（10）闻香、品饮。

（11）收具谢礼。

（七）实训注意事项

冲泡时，注意煮水器壶口不应朝向宾客，提壶手势一般采用内旋法。紫砂壶冲泡乌龙茶时投茶量一般为 6~8 克，即投茶量约为茶壶的 1/3，头道茶汤迅速倒掉，再用悬壶高冲的方法冲水入壶，并用开水浇淋壶身。同时，应注意奉茶礼仪。

六、普洱茶茶艺

（一）实训目的

通过盖碗冲泡普洱茶流程的演示及茶艺表演，要求学生掌握普洱茶品质特点、冲泡要求和操作要领。

（二）实训要求

冲泡普洱茶要求选用盖碗、白瓷品茗杯，水温控制在 100℃，按 1∶50 茶水比配备茶叶和用水量。

（三）实训课时

（1）理论：1 学时。

（2）实操：3 学时。

（四）实训仪器设备

白瓷盖碗 1 个、品茗杯 5~6 个、公道杯、随手泡、普洱茶 10 克、茶叶罐、茶荷、茶巾、茶道组、茶盘。

（五）实训内容

（1）孟臣沐淋，提高壶身温度。

（2）若琛出浴。

（3）鉴赏普洱干茶。

（4）普洱入宫。

（5）涤尘酝香，使茶叶充分舒展。

（6）注水。

（7）佛光普照。

（8）普降甘霖。

（9）敬奉佳茗。

（10）细闻幽香。

（六）实训步骤

（1）备具：准备好茶具及普洱茶。

（2）温壶涤具：先用滚水烫热茶具，主要起温壶温杯的作用。

（3）投茶：将普洱茶小心置入盖碗中。

（4）润茶：冲入约茶具容量 1/4 的滚水，然后快速倒去，以此清洗茶叶中的杂质，并且唤醒茶叶。

（5）冲茶浸润：根据实际情况掌握冲泡时间。

（6）分茶：头道，倒沸水冲泡 10 秒左右，出茶水到公道杯中，滤网放到公道杯上，过滤碎茶，然后再分别均匀地分入小杯中。

（7）奉茶。

（8）闻香、品饮。

（9）收具谢礼。

（七）实训注意事项

每次泡好要及时倒入公道杯，不能泡在壶里太长时间，否则焖熟茶叶不好。茶叶的浸泡时间视茶叶的情况而不同，一般紧压茶可以稍短些，散茶可以稍长些，投茶量多可以稍短些，投茶量少可以稍长些，刚开始泡可以稍短些，泡久了可以稍长些。

七、学生总得分

八、教师评语

教师签名：

年　　月　　日

项目策划：段向民
责任编辑：张芸艳
责任印制：孙颖慧
封面设计：武爱听

图书在版编目（CIP）数据

导游实训指导书 / 大理大学经济与管理学院编. -- 北京 : 中国旅游出版社, 2022.4

中国旅游业普通高等教育应用型规划教材

ISBN 978-7-5032-6874-8

Ⅰ. ①导… Ⅱ. ①大… Ⅲ. ①导游－高等学校－教材 Ⅳ. ①F590.63

中国版本图书馆CIP数据核字(2021)第261565号

书　　名：导游实训指导书

作　　者：大理大学经济与管理学院
出版发行：中国旅游出版社
（北京静安东里 6 号　邮编：100028）
http://www.cttp.net.cn　E-mail:cttp@mct.gov.cn
营销中心电话：010-57377108，010-57377109
读者服务部电话：010-57377151
排　　版：北京旅教文化传播有限公司
经　　销：全国各地新华书店
印　　刷：三河市灵山芝兰印刷有限公司
版　　次：2022 年 4 月第 1 版　2022 年 4 月第 1 次印刷
开　　本：787 毫米 × 1092 毫米　1/16
印　　张：9.25
字　　数：173 千
定　　价：49.80 元
ISBN　978-7-5032-6874-8